言葉を紡いで、
もっと広い世界へ行こう

「あなたの言葉に救われました、ありがとうございます」

自分のなかの汚い気持ちを吐き出してみたら、
「ありがとう」と言ってもらえた。
これが、わたしが「書く」ことに魅せられた最初の出来事です。

普通に生活をしているなかで、
「言いたいこと」ってたくさんあると思います。

会社で理不尽な人事異動があったとき。
友だちから涙が出るほど嬉しいことを言われたとき。
「面白い」と言われている映画が、自分にとっては面白くなかったとき。

でも、あえてそれを言葉にする人は少ない。

「言ったところで、意味がないかも」と、言いたいことを飲み込んで、
自分の胸にしまったり、当たり障りのない言葉に変換したり。
言うとしても、せいぜい身内しかいないＳＮＳにちょっとこぼしてみるか、
家族や仲のいい友だちに話すくらいだと思います。

たしかに、言ったところで事実は変わらないかもしれない。
でも、その「言いたいけど言えないこと」を、
文字にしてみたらどうなるでしょう。

わたしはずっと、世界に「生きづらさ」を感じてきました。

嫌なことがあっても我慢しなきゃならないこと。
「ネガティブなことを言うと幸せが逃げていくよ」と言われてしまうこと。
みんなが楽しそうにしている場で楽しくできなかったりすることが、
つらいこと。

そんなモヤモヤを、思い切って全部書くことにしました。

嫌だ、つらい、しんどい、捨ててしまいたい。
そんな決して綺麗ではない心のうちを。

初めて自分の日記を公開したのは、中学2年生のときです。

父親の転勤でアメリカに住むことになったわたしは、

英語も話せず、友だちもできず、やりたいこともなく、
ただただ日本に恋焦がれながら、
「早くこんな生活から抜け出して、日本に帰りたい」と思っていました。

みんなは日本で楽しく青春を送っているというのに、
自分は車がなければどこへも行けないようなところに閉じ込められて、
授業中は異国語を話す人たちに絡まれないように必死に寝たふりをして、
授業がおわれば一目散に帰って、数冊しかない漫画を宝物のように読む毎日。
まるで牢獄に放り込まれたような気分でした。

でも、こんなクソみたいな生活も、
日記に残しておいたら、いつか大切な宝物になるんだろうか。

なるのかもしれない。
そう思ってブログをはじめました。

そうして、自分の心のうちを吐露する毎日がはじまりました。
すると、そんな日記を読んでくれる人がどこからか
少しずつ集まってきたのです。
そのときに、決して誇れるものではない自分の人生や、
何気ない毎日が、少しだけ煌(きら)めいて見えました。

今では「書く」ことは、わたしの仕事にもなりました。
努力もしてないし、才能も技術もべつになかったけど、
本音をさらけ出して「書きつづけた」ことで、
世界が、自分が、人生が変わったんです。

「書く習慣　自分と人生が変わる　いちばん大切な文章力」

いしかわゆき

はじめに

人生なんて、「書く」だけで変わる

はじめまして。

〝ゆぴ〟という名前で活動している、いしかわゆきと申します。フリーランスのライターとして、Ｗｅｂメディアで記事を書いたり、取材をしたり、企業のＳＮＳの運用をしたり、といった仕事をしています。

端的に言えば、「文章を書く」ことがお仕事です。

１日中パソコンの前に張り付いている日もありますし、電車でぼーっと移動

しながら、スマホでなにかしら文字を打っている日もあります。

一方で、人と話すことはとても苦手です。

大人数の飲み会では「さっさとアルコールをチャージせねば」と、直前にストロングなお酒をガブ飲みして酔っ払うことで、やっと緊張せずに人と話せるような状態。

学生時代にやっていた接客業のアルバイトでは、台本を作って、少しでも想定から外れたことが起こるとパニックに陥っていました。

そこそこ仲のいい友だちからも「話してるとき、面白いくらい目を逸らすよね」と突っ込まれてショックを受けたこともあります。

そんなわたしは、「書く」ことに支えられています。

まともに人と話せなくても、目が合わせられなくても、コミュ障でも、「書く」ことができたから、こうして今も生きていられていると思っています。


中学生のときにはじめたブログは大学入学とともにやめてしまいましたが、社会人になってしばらくして、あのときと同じような「モヤモヤ」が生まれたことをきっかけに、ふたたび日記を書くようになりました。

「なんでもない日常でも、書けば、絶対になにかが変わる」

中学時代の強烈な原体験があったからこそ、わたしには確信がありました。


そうしてまた書きはじめてから3年。

ただの会社員だったけれど、ブログを書いていたらライターとして採用してもらえた。

記事を書いていたら、一般人なのにTwitter（現・X）のフォロワーが70

00人もついた。

毎日のように日記を書いていたら、こうして本を出版することになった。

冷静に考えて「フォロワー7000人（インフルエンサーと呼ぶにはそこまで多くないですよね!?）で本が出せるのか……」とびっくりしています。

夢のある時代ですよねぇ。

そしてありがたいことに、「書いているだけ」で、今までほとんど営業をかけずにお仕事をいただけています。

自分から手を挙げなくても、自分が過去に書いた記事を誰かが読み、そこから依頼をしてくれることがほとんどなのです。

「思い」を伝える最強のツール

もちろん「書く」ことは、仕事以外でもわたしを救いつづけてくれました。

中高時代、学校が嫌で嫌で塞ぎ込んでいたけれど、ブログを書いていたら応援してくれる人ができた。

勇気を出して話すことはできなかったけど、メールでアプローチしていたら好きな人と付き合えた。

誰かに相談することはできなかったけど、ノートに思いを書き殴っていたら、やるべきことが見えて転職ができた。

「書く」ことは最高のひとり遊びでもあり、良き相談相手でもあり、口で言わなくても自分の気持ちを相手に届けてくれる最強のツールでもあります。

口ではうまく言えないからこそ、自分の書いたものを相手に見せると、「こんなことを考えていたなんて知らなかった」と言ってもらえることもあります。また、自分自身も気づかなかった自分の本音が、書くことで見えてくることもあります。

思った以上に、人は自分の気持ちを言葉にするのは苦手なのです。

つまり「書く」ことは、仕事に繋がることもあれば、新しい自分を発見させてくれたり、すばらしい未来を引き寄せてくれたりもするということ。

だからこそ、「やりたいことがない」と思っている人や、「毎日同じようなな日々でつまらない」と感じている人も含め、全人類に「書く」ことをやってみてほしい。そう思っています。

幸いわたしたちは義務教育課程で一応「文章の書きかた」を習っています。「文章を一度も書いたことがない」という人はかぎりなく少ないはずです。

「書く」の第一歩は「好きになる」こと

わたしはライターではありますが、この本はライターになりたい人や、文章をうまく書けるようになりたい人だけでなく、「なんでもいいから発信してみたい」「人生をもっと楽しみたい」「よくわからないモヤモヤをなんとかしたい」という人にも向けて書きました。

今は「一億総クリエイター時代」と言われるほど、発信できる場所が多く生まれ、「なにかしら自己発信をしたい」と考えている人が増えている時代です。

一方で、「なにを書けばいいのかわからない」「発信を続けられない」と悩んでいる人が多いことも確かです。

世の中には、「どう書けばいいか」を教えてくれる本はたくさんあります。

でも、わたしは思うんです。

そもそも「書く」のって、好きじゃないとしんどくない？

たしかに文法は大事。でも「書きたい」気持ちはもっと大事だと思うのです。

退社後、最寄駅から自宅までの10分間の帰り道、「暇だなぁ」と思って書きはじめた短い日記が、今のわたしを形作っています。

「毎日のように書いていて、つらくないの？」と言われることもありますが、不思議とつらくはありません。

それは、「書きたい」気持ちを失わないように習慣化させてきたからです。

これは、決して特殊な能力ではありません。

それには「コツ」が必要であり、それをこの本には詰め込みました。

この本では、「どう書くか」は学べないかもしれません。

でも、あなたのなかにある「書きたい」気持ちを育んで、無理なく楽しく続けられる「習慣」を身に着けられる本にはなっている自信があります。

- 自分の気持ちを素直に表現したい人
- 今の自分にモヤモヤしている人
- なにか新しいことをはじめたい人
- なにか伝えたいことがある人
- 書きたい気持ちはあるけどなにを書いたらいいのかわからない人

ひとつでも当てはまる人は、ぜひ最後まで読んでみてください。

そして、先ほど、「どう書くかは学べないかもしれません」と言いましたが、ライター志望や文章がうまくなりたい人であったとしても、この本を読んでもらいたいです。

だって、どんなにノウハウやテクニックを学んだところで、書くのが好きじゃなかったら続けるのがつらくなってしまうと思うから。

それに書きつづけてさえいれば、自然とコツもつかめてきて、勝手に文章もうまくなっていきます。

そういう意味では、「書きたい」気持ちを失わずに習慣化させるコツは、趣味でも仕事でも、「書く」すべての人にとって役立つことかもしれません。

書くのが好きになれば、習慣になって自然と上達する。
書くのが好きになれば、自分の思いを伝えたくなる。
書くのが好きになれば、真っ白な画面にワクワクするようになる。
書くのが好きになれば、毎日が楽しくなる。

「書く」ことに救われたわたしが、「書く」ことであなたに革命を起こします！

誰でも、なんでも、書いていい。

みなさんにとって、「書く」ってどういうことでしょう？


「小さいころから国語が得意だった人がやること」

「語彙力のある人がやること」

「著名な人がやること」


そんなイメージもあるかもしれません。

なかには、「学校を卒業して以来、文章というものを書いてない……」なんて、「書く」こと自体に苦手意識を持っている人もいることでしょう。

わたしも昔は、ＳＮＳのアカウントに鍵をかけて、身内に向けてひとりごとを呟いては、巧みに文章を紡ぎ出す人々を遠目に見て「すごいなぁ」と思うだけでした。

でも、誰もがネットで自由に発信を楽しめる今、「書く」ってもっと身近なものです。

SNSのちょっとした書き込みが共感を得て、たくさんの人に読まれるようになったり、個人の日記が本になったりと、素人でも「書く」を起点に自己実現をしていった人がたくさんいます。

そんな人たちの文章は、必ずしも「うまいもの」ではないと、わたしは考えています。

どちらかと言えば、荒削りだったり、文章も短かったり、文離滅裂だったり。なかにはタメになるものもあるけれど、本当に心からどうでもいい些細なことだってあります。

つまり、国語が苦手でも語彙が少なくても有名じゃなくても、なんでも書いていいし、世界中のどこかに、それを読んでくれる人が必ずいるということ。

必要なのは「書いてみよう」と思う気持ちだけ。

あまり難しく考えず、気構えず、はじめていいんです。

文章を書くのに文才はいらない

よく、「文章を書く」ことと「文才」はセットで語られます。

「文章が書ける人は、文才がある選ばれし人」
「だから、凡人のわたしたちが文章を書くのは恥ずかしい」

そう思うこともあるかもしれません。

でもあくまで文才は、小説家や詩人のように、自分の思い描いた物語を読者に届ける目的において必要になるものです。

まるで鮮明な映像が目の前に浮かび上がるかのごとく、情景を巧みに描いたり、心の動きを繊細に表現したりする人にのみ求められるものであって、それ以外の人には必要がないと思うのです。

別にゲームの才能がなくても、ゲームオーバーを連発しながらゲームをやっていいように、文才がなくても文章を書いていいし、それについて咎(とが)められる理由なんてなにもないんです。

こう言ってはなんですが、世の中のビジネス書をパラパラとめくってみても、すべてに対して「文才があるなぁ……」とは思わないじゃないですか。

そう、究極的には、文才がなくても誰かに伝わりさえすればいいんです。

そもそも「文才」というのは、すごく曖昧な言葉です。

端的に言えば「文章を巧みに書く才能」という意味ですが、「巧み」といってもどのくらい巧みなのかわからないし、そんなものにとらわれてなにも書かないほうがずっともったいないこと。

だから「自分には文才がないなぁ」という思い込みは捨てちゃってください。むしろ、「文才がないと気づけるほどたくさん文章を書いたのかよ！」と、ビンタしにいきたいくらいです。

たしかに、他の人の文章を見て「うまいなぁ」と思うことはあるでしょう。わたしも大学時代に文芸サークルにいたときは、同級生が紡ぎ出す美しい物語に「これを同い年の人が書いたなんて！」と度肝を抜かれました。

でも、それが「文才」だとは思いません。

だってそれは、「才能」じゃなくて「努力」の賜物だからです。

「はっきりと言っておこう。自らの才能を問う人は、〝諦めの材料〟を探しているだけだ。もっと言えば夢をあきらめる〝言い訳〟を探しているだけだ」

これは、『嫌われる勇気』など数多くのベストセラーを手がけたライターの古賀史健さんの著書『20歳の自分に受けさせたい文章講義』のなかの一文です。文章にかぎらず、「才能がないからできない」と嘆いているあいだはなにもできないということ。

大事なのは、才能の有無にとらわれず、とにかく書きつづけることです。

最初は、読むのも嫌かもしれない。

他の人と比べて落ち込むかもしれない。

そんな「才能がないかもしれない」場面にぶち当たっても、どうか書くのをやめないでください。

書きつづければ、誰でも絶対に書けるようになりますから。

文章の正解は自分で決める

「文章ってどうやって書けばいいんですか？」

たまにもらうこの質問に、わたしはちょっと困ってしまいます。

なぜなら、文章は誰にでも書けるものだから。

もちろん、「文章の最後には『。』をつけましょう」とか、「同じ接続詞が続かないようにしましょう」とか、ある程度の読みやすくするためのライティングルールは存在するとは思います。

では、「そのルールたちを度外視したものを文章と呼ばないのか」と言われたら、そんなことはありません。

わたしの文章も、なにかを読んで勉強したり、誰かに教わったりしたのではなく、毎日繰り返し文章を書くなかで、自然と確立していったものです。

それは一般的に正解なのかはわかりませんが、少なくともわたしのなかでは「正解」だと思っています。

正解は、そうやって自分で決めていいのです。

「ポエトリーリーディング」というものをご存じでしょうか。

自作の詩を朗読するアートをさし、ラップミュージックにのせて伝えたり、ビートボックスとコラボレーションしたりと、その形態はさまざまです。

わたしも以前、興味本位でイベントに参加してチャレンジしたことがあるのですが、みんな思い思いの形で自分の感情を言葉にしていたのが印象的でした。自作の音楽に合わせて歌をうたう人、独特な節に合わせて身体も使いながら表現する人、手紙のようなメッセージを泣きながら読む人……。

正しいとか、正しくないとか、そんなことは誰も気にしていませんでした。

主催の人が最後にこんな話をしてくれました。

「今回イベントをやるにあたって、『詩ってどうやって作ったらいいんですか？』と聞いてくる人が何人もいたんですよ。でも、あなたがそれをポエトリーと思うならそれがポエトリーだと思うし、それを定義するのは自分だと思うんですよね」

そのとき、何事も自分が正解だと思えば、正解になるのだと実感したのです。

文章も、イラストも、写真も、ファッションも、デザインも、「こうすればキレイに見える」という一般的なルールのようなものはあっても、それが必ずしも「正解」とはかぎりません。

だったら、細かいことを気にせずに、素直に自分がいいと思ったものをやればいいんじゃないかと思うんです。

「こんなヘタクソでめちゃくちゃなものを見せたらダメなんじゃないか」と怯（おび）えずに、胸を張って見せていけばいいんです。

世の中には「正解」と呼べるもののほうが少ない。
わたしたちは自分なりの「正解」を確立していこうじゃありませんか。

「なにがわからないのか、わからない」というのは、よくあることです。この本はもちろん、すべての内容がすべての人の役に立つように書いていますが、とくに「自分に必要」な箇所がわかるように、チャートをつくってみました。「ぜんぶ読む時間がないから、必要なとこだけ知りたい」という人や、または本書を読んだあと、また「書く」ことに悩んだとき、このチャートを辿ってみてください。きっとそこに、あなたを「書く」に向かわせるヒントがあるはずです。

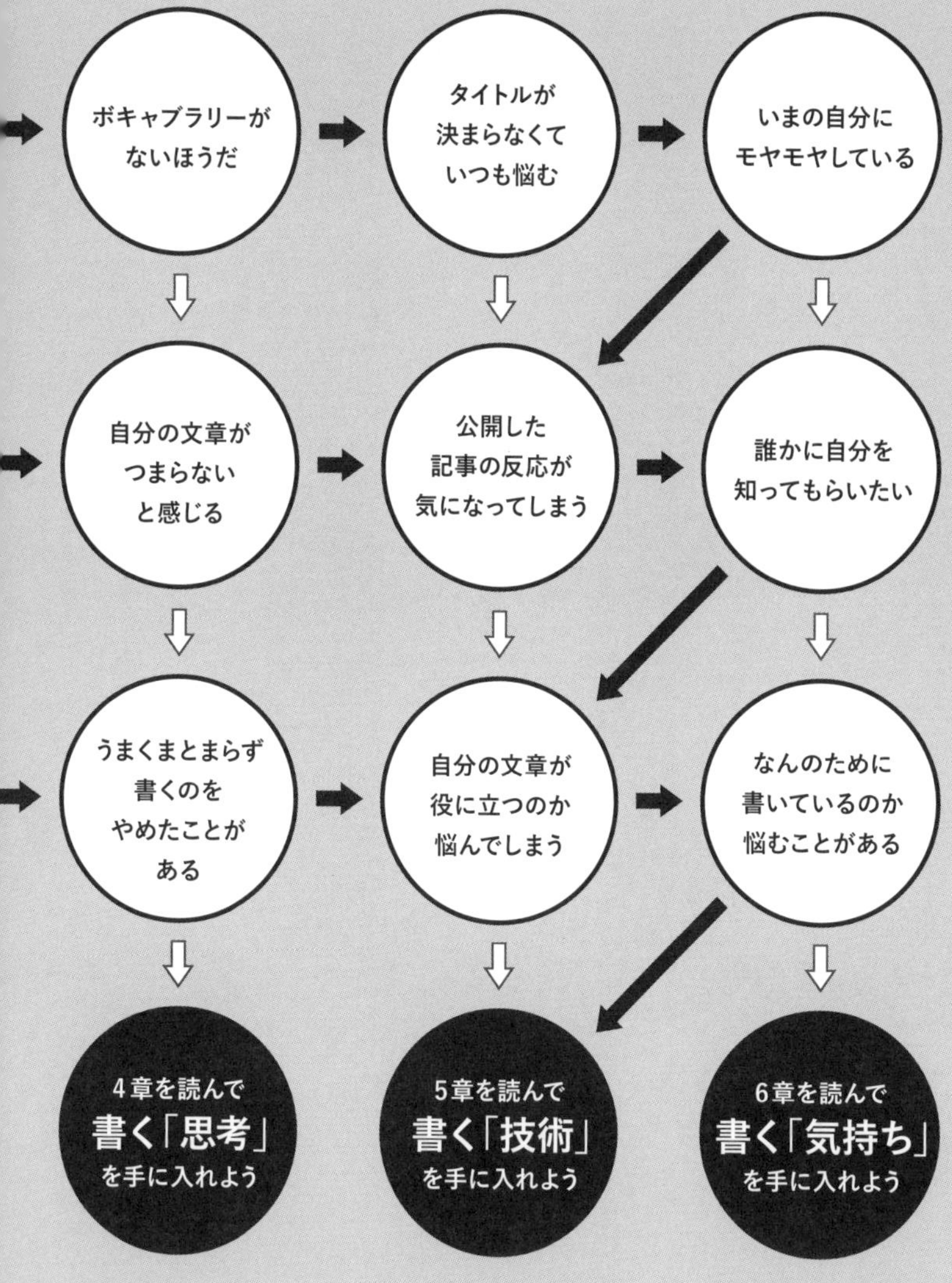

あなたの「書けない…」はどこから？

お悩み診断チャート

➡ NO　⇨ YES

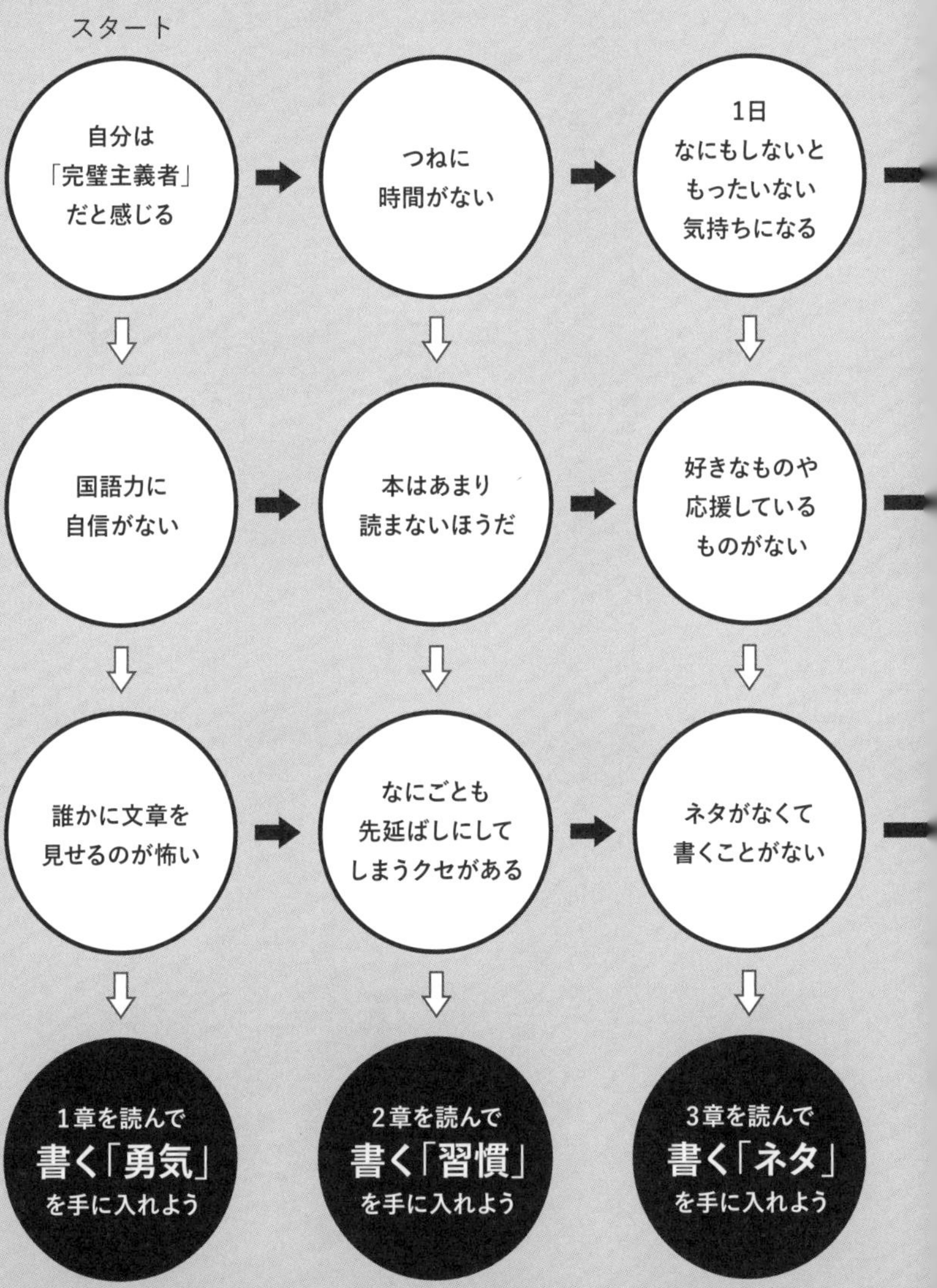
スタート
自分は「完璧主義者」だと感じる
つねに時間がない
1日なにもしないともったいない気持ちになる
国語力に自信がない
本はあまり読まないほうだ
好きなものや応援しているものがない
誰かに文章を見せるのが怖い
なにごとも先延ばしにしてしまうクセがある
ネタがなくて書くことがない
1章を読んで書く「勇気」を手に入れよう
2章を読んで書く「習慣」を手に入れよう
3章を読んで書く「ネタ」を手に入れよう

第2章 習慣になれば書くのが楽しくなる

第3章 ネタを見つけられると止まらなくなる

第4章 ちゃんと伝わると嬉しくなる

第5章 読まれるともっと好きになる

第6章 「書く」ことが与えてくれるもの

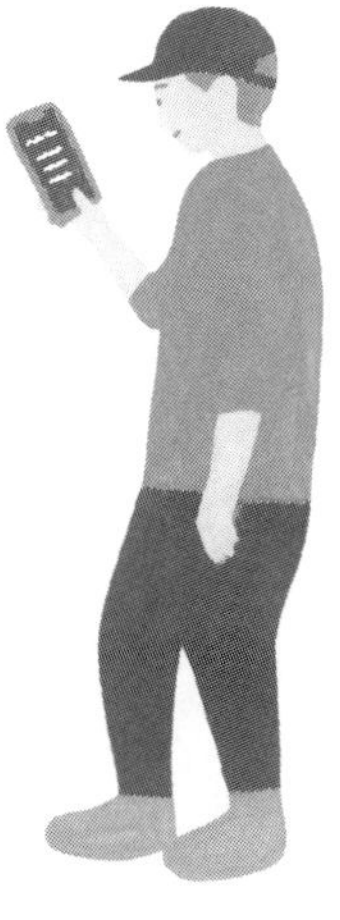

The Writing Habit contents

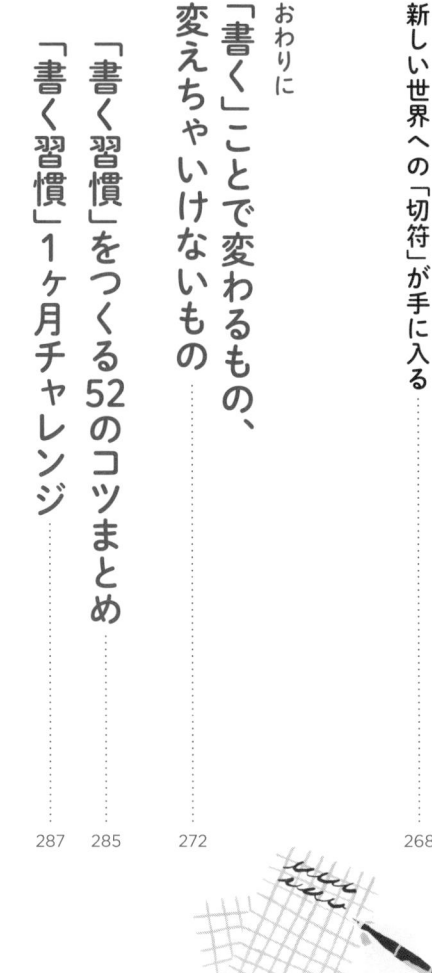

第 1 章

言葉と仲良くなれば
書けるようになる

Get along with words to be a better writer

誰でもなく、「自分のため」に書いていい

「自分語りになってしまいそうで嫌だ」

「文章を書けない理由」についてアンケートをとったとき、こんな回答をもらったことがあります。

これは、昨今の「やさしくないインターネット」の弊害ではないでしょうか。ちょっと自分語りをしようものなら「自分語り乙」「隙あらば自分語り」と、心ない人から鋭い矢が飛んできそうで、気持ちよく自分語りができない世界になってしまったのです。これはとても悲しいことです。

わたしは「自分語り」をすることのなにがおかしいのか全然わかりません。「雑談」や「話しかた」の本を読むとわかりますが、「人は自分の話をしたいので、聞き手に徹しましょう」「適度に相槌を打ったり、部分的に要約を挟んだりして、相手に気持ちよく話させてあげましょう」なんて書いてあります。

要するに、大半の人が本質的には自分語りをしたがっています。

人は誰よりも自分のことが大切で、自分のことを語りたい生き物なのです。

あなたも誰かの自分語りに共感したり感動したりしたことはありませんか？

これまでの半生を綴った自伝、自分の夢を大々的に語ったスピーチ、日常的に感じた気持ちを吐露するエッセイ……。

こうして並べてみると、世にあるもののなかに、いかに「自分語り」が多いかがわかると思います。

だから、「自分語りになっちゃう……」なんて悩むことは杞憂です。むしろ、

自分語りをするために書いていい。

「誰かのために書こう」「誰かにとってタメになる話をしよう」なんて考えるのは、もうちょっと先の話。

まずは、自分だけのために、自分のことを語るために筆（スマホ）を手に取ってみましょう。

まとめ

matome

自分について語ることは恥ずかしいことじゃない。
「自分のために書く」と決めて好きに書いてみよう。

「自分はアホだ！」と思えばアウトプットできる

わたしは毎日のように、自分が思ったことや感じたことを書き残しています。本を読んだら心に残った一文とともに感想をスマホにメモし、旅行中は旅行の様子をツイートし、1日のおわりには日記を書きます。

「そんなに毎日文章を書いていて疲れないの？」と思われるかもしれませんが、ちょっと考えかたを変えれば、これが苦しくなくなるんです。それは、

「自分はアホだ！」と思うこと。

アホだから、話を聞いているだけじゃ頭に入ってこない。
アホだから、紙に書いておかないと忘れてしまう。
アホだから、自分のことを全然信じていない。

こうして「アホ」前提で考えると、「忘れちゃうから残しておかなきゃ！」という気持ちになっていきます。

ドイツの実験心理学者であるエビングハウスは、人が記憶したことをどのくらいのスピードで忘れていくのかを確かめる実験をしました。

すると、1時間後には約50％を忘れ、24時間後には約70％を忘れ、そして1ヶ月後にはほとんど記憶に残っていない、という結果になったそうです。

わたしの初めてのアルバイトはカフェでした。

先輩にいろいろ教えてもらいながらも、「集中して聞けば覚えられるでしょ!」と過信してメモを一切取らなかった結果、「教わったことがなにもできない」使えないアルバイトになってしまったという苦い経験があります。

人は覚えたことのほとんどを忘れてしまうし、どんなに時間をかけて読んだ本も、一時はたしかに心に刺さったはずのメッセージも、頭のなかから抜けていってしまいます。

だから、「自分は記憶力がいいから、なんでもかんでも覚えられるんだぜ!」と過信するのではなく、一度「自分はめちゃくちゃアホだ」と思い直してみてほしいんです。

こうしたアホマインドは別名「素直」とも言います。

かつてはみんなが持っていたはずなのに、いつか失くしてしまったもの。

「アウトプット」と言われると途端に難しく感じてしまうけど、小さいころに

「朝顔の観察日記」をつけたり、遠足で石ころを拾って持ち帰ったり、起きた出来事を先生や親に報告したりと、楽しかったことを忘れないように誰もが当たり前のようにやっていたことです。

読んだ本、観た映画、参加したセミナー、友だちと話したこと、上司に怒られたこと、悲しかった出来事、なんでもいい。

アホだと思えば、素直に受け止めて素直に残せるようになるはずです。

まとめ
matome

「どんな出来事も覚えていられる」思い込みを捨て、「すぐに忘れてしまう」アホになってみよう。

まずはその「メイク」を脱ぎ捨てよう

文章を書くことに慣れようとするとき、「誰にも見せない前提で書く」というのはとても大切です。

なぜなら「誰かに見せる文章」と「誰にも見せない文章」は、本音度合いがまったく違うからです。

人は無意識のうちに他人の目を気にしながら生きています。

家にいるときは、口のまわりに歯磨き粉が付いていても気にしないかもしれませんが、外に出るとなると、一応鏡で顔をチェックしてから出かけますよね。

「アンガーマネジメント」という、おもに教育者や指導者が学ぶ、「怒りの感情」を自分でコントロールすることを目的とした心理教育があります。

そのなかにも、「人前で相手を怒ると、相手がそれを『見せしめ』だと思い込み、反発して話を聞いてくれなくなる」という考えがあります。

「他人の視線」というのは無意識下でも気になるものなのです。

たとえ、「自分は家でも外でもあまり変わらないよ」という人でも、本人の気づかないところで確実に振る舞いは変わってくるはずです。

それと同じで、文章も「誰かに見せるもの」となると、途端にかしこまって、身構えて、綺麗事ばかりが並んだものになりがちです。

本人が意図しなくても、バッチリメイクの余所行きの顔をした文章になってしまうんです。

たとえば「あの上司はほんとクソだわ」という本音も、人に見せるとなると

「あの上司は言いかたがキツい。いや、いい人なんだけどね」ぐらいにマイルドになります。

もはやちょっと嘘ですよね、これって。

本当に人に伝わる面白い文章とは、綺麗な言葉ばかりが並んでいるものではなく、その人の心からの本音が書いてあるものだと思っています。

本音だからこそ、「面白い！」という反応が得られるのです。

でも、文章を書き慣れていないと、まわりの反応を気にして当たり障りのないものを書いてしまいがちです。

だからこそ、はじめのうちは、

「誰にも見られない前提」で書こう。

誰にも見せずに練習を重ね、まずは本音を言葉にするのに慣れることからはじめてみてください。

「よくこんなことまで書けるなぁ」という、身のまわりの恥ずかしいことを暴露している赤裸々なエッセイストも、きっとはじめは誰にも見せない小さな日記帳からはじまったはずだから。

まとめ
matome

「誰かに見せる」を意識すると着飾った文章になる。誰にも見せない前提で本音を書く練習をしてみよう。

小論文・レポートの「お作法」、いりますか？

「起承転結をうまくまとめられない」

「文法が正しいのか気になる」


「書けない人」のなかには、作文のお作法が気になってしまう人もいます。

おそらく、国語の授業で習った「小論文は序論・本論・結論で組み立てよう」というような言葉が頭のどこかに残っていて、意識せざるを得ないのでしょう。

でも、本来文章というのはもっともっと自由なものです。

わたしは起承転結を意識して文章を書いたことはありません。

「別に物語でもあるまいしオチなくてもいい」くらいの気持ちで書いています。

逆に、小論文の型にはまった文章のまぁつまらないこと！
受験生のとき、大学入試の練習で小論文を書きながら、「こんな文章、なにが面白いんだ？」と思っていました。

「わたしはAよりもBを支持します。なぜならばBはCだからです。根拠は2つあります。まずひとつめは……」

うーん、つまらないですね！

たしかに筋道は通っているかもしれません。
でも日常的に書く文章に、論理性は必要ではないのです。

それに、「悲しい」とか「嬉しい」とかの感情には、必ずしも理由が必要なわけではないと思っています。

別にどこに提出するものでもあるまいし、「悲しいもんは悲しいんじゃ」で無理やり話を展開していっても、なんの問題もないんですよ。だから、

「書く」ことを、もっと自由に考えてほしい。

あなたの目の前にあるのは、ちょっとはみ出したら怒られるような細かいマス目のある原稿用紙ではなく、なにもないまっさらなキャンバスです。

別に段落ごとに改行しなくていいし、あえて句読点を入れずに言葉を重ねて捲し立てるのだっていい。

ちなみにこれは、「捲し立てるように書く」という手法。

小説でも、主人公がパニックになったり思考をめぐらせたりするシーンなど

でよく使われていたりします。
ね、ルールなんかないんですよ。
作文の時間に先生にピッと入れられた赤ペンは無視して、どこまでも自由に
思いを紡いでいきましょう。

まとめ
matome

すべての感情や出来事に根拠を書く必要はない。
規律も論理性も一度忘れてみよう。

「うわぁ〜」と思ったら「うわぁ〜」と書いてしまえ

いざ文章を書くとなると、急にかしこまる人がいます。「いや、普段そんな変な話しかたしてないじゃん！」と突っ込みたくなるほどカッチカチな、まるで論文のような文章です。

どんなに話し上手でも、不思議なことに「文章にしなくちゃ」と思うと、急に言葉遣いが変わってしまうことがあるのです。

先ほど「日常的に書く文章は小論文でもレポートでもない」と言いましたが、それはルールにかぎらず、表現でも言えることです。

日常で使わないようなかたっくるしい表現をすることは、自分の生々しい気持ちを封じてしまう足枷（あしかせ）になりかねません。

今、「かたっくるしい」と書きましたが、本来は「堅苦しい」と書きますよね。でも、「かたっくるしい」で充分伝わるし、なんなら「堅苦しい」ことに対する嫌悪感も同時に伝わってきませんか。

個人的な文章に対しては、そういった「作法」は忘れていいのです。極端な話、

「うわぁ～」と思ったら「うわぁ～」って書こう。

「驚いた」「恐れ慄（おのの）いた」とか無理に使う必要はありません。

この「うわぁ～」にこそあなたの人柄や本音が滲（にじ）み出ているのだから、変に言い直したらもったいない。

日々何気なく使っている言葉には、「自分らしさ」が含まれています。

だから「普段しゃべっているとおりの言葉で書く」だけで、自分らしい言葉を紡ぐことができるんです。

個人的には、綺麗に飾られた言葉よりも、素直な言葉を使っているほうが「これは本音なんだろうなぁ」と感じられるし、より心に刺さると思っています。「うわぁ～」と思ったら、「驚いた」の一言で片付けず、「うわぁ～」とそのまま書く勇気を持って。

ありのままの、飾らない文章のほうが、絶対に読ませる力があるはずだから。

まとめ
matome

「書く」ための言葉にわざわざ変える必要はない。飾り気のない言葉に「自分らしさ」が滲み出る。

「完璧主義」を捨てて、どんな形でもいいからおわらせて

「完璧主義」という性質も、文章を書くうえでマイナス要素になりかねません。

つねに完璧な自分でいたいから、まずは作業の前に要件を整理して、誤字脱字をくまなくチェックして、「手伝おうか？」の言葉も無視してひとりで成し遂げようと頑張って……。

そんな完璧主義の人はとても多いのです。

その結果、どうなるでしょうか？

ひとりでこだわりすぎて締め切りギリギリになってしまい、それでも完璧じゃないから提出できなくて、睡眠時間を削って朝まで粘って……って、その

時点でもはや締め切りを過ぎてるんですね。全然完璧じゃないんです。

そういうわたしも、これまでずっと完璧主義が捨てられませんでした。ライターになって初めて書いた原稿は、1週間たっぷり使って「ああでもない、こうでもない」と何度もこねくり回し、期日を過ぎてもなかなか完成させられずにいました。

要するに完璧主義の人は、単純に「完璧を求める不完全な人」なんです。

では、そもそも「完璧」とは一体なんなのでしょうか。

よく考えてみると、価値観というのは人それぞれなので、「完璧」の基準も人によってズレているのが当たり前だということに気づくと思います。

「締め切りまでに出せば完璧」という人もいれば、「とりあえず形になっていれば完璧」という人もいますよね。

以前、締め切りがギリギリすぎるあまり、「これでいいや！」と半ば投げやりになって出した文章が上司に大絶賛されて拍子抜けしたことがあります。

自分が過小評価していたものが、じつはそうでもなかったことって往々にしてあるのです。

つまり、１００点を目指して延々と労力をつぎ込むのはあまり意味がない。

第三者から見ればこのままでも充分いいものなのに、「いや、まだ完璧じゃない！」と言い張って黙々とやり込むのが完璧主義者なのです。

職人ならまだしも、すべての事柄にそんな姿勢で取り組んでいたら疲れてしまいますし、いつまでたっても報われませんよね。

そんな完璧主義の人に必要なのは、

「おわらせる勇気」。

どんな形でもいいから、今取り組んでいるものに幕を引いてあげること。

文章を書いているうちに、「あれ、この文章は最終的にどこに着地するんだろう？」と迷子になってくることもあります。

実際にわたしのもとに届いた相談のなかにも、「どうやっておわればいいのかわからない……」という声が多数ありました。

そこでわたしがよく用いる方法は、

「おわり！」と自分から言ってしまうこと。

ちょっと強引ですよね。

でも、実際にそう宣言することで、ちゃんとおわるからいいんです。

わたしは何度もこのやりかたで幕を下ろしてきました。

「なんだか言いたいことがまとまらなかったから、おわります！」って。

所詮自分で書いた文章ですから、なにをやっても自由。
作者が「おわり！」と言って筆をおいたら「おわり」なんです。

忘れないでほしい。わたしたちは完璧主義者。
おわりなき旅路をうっかり歩んでしまう者たちです。

「読後感のよいおわらせかたはなんだろう……」とぐるぐる悩んで、半年間も文章を寝かせるよりは、無理やりにでもおわらせて新しい旅路を歩みましょう。
素敵な締め文を考えるのは、きちんとおわらせることに慣れてからの話です。

まとめ
matome

完璧を目指すよりも大切なのが、おわらせること。
あなたの80点は誰かにとっての100点です。

「意味がない」文章に意味づけするのはあなたじゃない

「こんな文章、書いても意味がないかも」

そうやって途中で諦めてしまう人は、結構多くいます。

でもわたしからしてみれば、「すべての物事に意味なんてなくない……？」というのが本音です。

思春期に誰もが一度は、「自分はなんのために生まれてきたんだろう……」と思い悩んで、「ああ、とくに意味はないのか」と気づいてしまうように、基本的にわたしたちの人生に意味なんてありません。

「親が子どもを望んだ結果、生まれた」くらいの存在だと思っています。

夢がなくてごめんなさい。

でも、本当に生まれてきたことに意味はないと思っています。

生まれながらに特殊能力があって、悪と闘って地球を救わなくちゃいけない。そんな漫画みたいな宿命、ないですから。残念！

でも、だからこそわたしたちは、生まれてきた意味をつくるために一生懸命に生きるんです。

わたしたちが生まれてきたこと自体に意味がないように、文章にもとくに意味はありません。

強いて言うなら、その意味のない文章に、

意味づけをするのは読んだ人。

仮に、あなたが「うんこを踏んでしまった」という内容の日記をネットに書いていたとしましょう。

自分で読んでみても、「我ながら、しょうもないな」と思うような出来栄えです。

でもそれを、彼氏に振られてひとり寂しく帰り道を歩いていた人が読んで、「なんだこれ、アホらし」とクスッと笑えてちょっぴり元気になるかもしれない。

逆に、同じようにうんこを踏んだ人が読んで、「めっちゃわかる。テンション下がるよね」と共感してくれるかもしれない。

そう考えると、自分自身が文章に「意味」を求めるだけバカバカしいですよね。

最近わたしは、とある芸人さんへの愛をただ語るだけの自己満足に溢れた

3000字ぐらいの記事を書きました。

すると、「関西出身なので、関東の人がその芸人さんを知っているのは嬉しいです！」とコメントをもらいました。

ほらね。自分にとっては意味のない文章だって、誰かに喜ばれる可能性を秘めているのです。

まとめ

matome

自分の文章に意味づけをするのは読んだ人。

「意味がないかも」と躊躇（ちゅうちょ）せず、判断を委ねてみよう。

手書きが持つ ウソみたいな「魔法の効果」

わたしは基本的にすべての文章をパソコンやスマホで書いています。
でもそれとは別に、手書きで記録するための手帳も持っています。なぜなら、

手書きをすると達成率が42%上がるから。

『自動的に夢がかなっていく ブレイン・プログラミング』(アラン・ピーズ、バーバラ・ピーズ著)という本によると、ドミニカン大学カリフォルニア校で心理学を教えているゲイル・マシューズ教授が、267人の参加者を集めて

目標の達成率に関する実験を行ったところ、目標を手書きしたときの達成率と、キーボードでタイプしたときの達成率を比べると、手書きをするだけで達成率が42%も上がることがわかったそうです。

これは、別にスピリチュアルな話ではありません。

受験勉強でも「とにかく書くことで記憶される」と言われているように、手書きはタイピングやフリック入力よりも指をよく動かすため、脳の神経がより使われることが根拠のようです。

書き出して自覚することで、脳が「これは自分にとって重要なことだ」と認識し、毎日無意識に目に入ってくる情報をフィルタリングしていくのです。人間って面白いですよね。

本屋さんに行くと、「夢を叶える手帳術」というような、ちょっと疑いたくなるようなタイトルの本がたくさんありますが、このデータを見るとあながち

１００％嘘というわけではないのかもしれません。

そんなわけで、わたしの手元には予定管理用とは別に手帳が一冊あります。手帳は高校生のころから使っていて、当時は予定と日記を書いていました。今は、予定を確認するたびに手帳を開くのが面倒なので、予定はすべてGoogleカレンダーで管理して、紙の手帳には「やりたいことリスト」や「一言日記」などを書いています。

手帳を仕事のツールとして使うのではなく、自分の人生をより充実させるためのツールとして使っています。

実際に紙の手帳で「やりたいことリスト」を書きはじめるようになってから、明らかに実行までのスピードが早まり、ものすごい勢いで「やりたいこと」を達成できるようになりました。

一冊の手帳から、「書く」ことを習慣にしてみるのもオススメです。

さて、「書く」ことに対するハードルは下がりましたか？みなさんが思っているよりも、「『書く』ってもっと自由で、意外と適当でいいんだ！」ということに気づけたのではないかと思います。

でも、人のモチベーションは永遠には続きません。気持ちだけに任せていたら、気持ちが切れたときに億劫（おっくう）になってしまいます。

そこで重要なのが、「習慣化」です。

第2章からは、努力をせずに書きつづけるために、書くことを習慣にしていくステップへと移っていきます。

まとめ
matome

手書きをすることで達成率が42％上がる。手帳にやりたいことを書くことからはじめてみよう。

第 2 章

習慣になれば書くのが楽しくなる

Make writing a habit and enjoy it better

「日常」に落とし込めば努力なんていらない

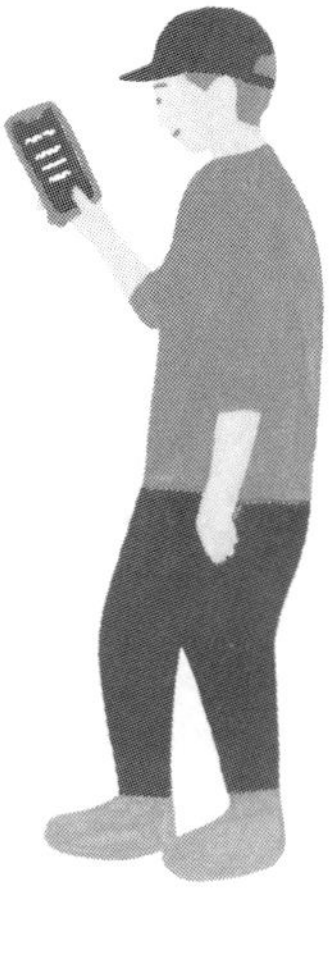

「文章を書けない」理由のひとつに、そもそも文章を書くことが「習慣になっていない」という要因があります。

文章を書くたびに気合を入れて、すべての力を振り絞って「エイヤッ！」と書いていたのでは、エネルギーをものすごく消耗してしまいますよね。

ヘタをすると「疲れるからもう書きたくない……」と、「書く」ことに対してネガティブになってしまったりすることも。

ヘトヘトになって帰ってきて、「あぁ、文章書かなきゃなぁ」となるのでは、楽しくないですし、長く続きませんよね。

そうならないためにも、毎日の生活のなかに無理なく「書く」ことを組み込むのがポイントです。

わたしは滑舌が悪いことがコンプレックスで、とある声優の方にトレーニング方法を相談したことがあるのですが、彼女は「結局、特別な練習よりも毎日の姿勢や声の出しかたが大事だよ」と言っていました。

特別なトレーニングタイムを設けるよりも、日々の話しかたを意識するほうがよっぽどトレーニングになるということです。

ダイエットも同じで、「痩せるぞ！」とハードなトレーニングに短期間で挑むより、生活習慣を変えたほうが、無理なく続いて効果が出ますよね。

毎日当たり前のようにしている歯磨きだって、「面倒くさい」とは思わないはず。

たまに面倒なときもあるかもしれないけど、寝る前になると、自然に洗面所に行って歯ブラシを手に取っているのではないでしょうか。

これを転用すれば、なんでも無理なく習得できるようになります。

時間を新たにつくるのではなく、日常に落とし込む。

つまり「習慣化」するのです。

ポイントは、最初から大きな改革をするのではなく、少し変わったとしてもまったく苦じゃないところからはじめること。

たとえば「本を月に何冊か読みたいな」と思ったら、あえて読書の時間を設けるよりも、いつもの通勤時間にスマホを閉じて本を開くようにしてみます。

それが、たとえ1日10分だとしても、1週間毎日読みつづければ1時間以上となり、少しずつ自分のなかに知識が蓄えられていきますよね。

2週間も経てば、無理なく1冊読みおわっている、なんてことになります。

新しいことをはじめるためには、なにかを犠牲にして、日々の過ごしかたをガラッと変えなくてはいけないように思えますが、全然そんなことはない。まとまった時間を捻出せず、たいした努力もせず、なにも考えずにパッと文章を書けるようになれば、こっちのものです。

大丈夫です。コツさえ押さえれば、まるで息を吸って吐くように、無理なく無意識に文章を書けるようになります。

第2章では、日々あらゆる文章を書くなかでわたしが編み出した、「書く」ことを習慣化する方法についてお伝えしていきます。

まとめ
matome

書きつづけるために、「習慣化」させる。無理なく日常に落とし込めば、努力はいらない。

「視界の端にチラつかせる」が習慣化の第一歩

「文章が書けるようになるには、習慣化が必要だ！」

と、エラそうなことを言いましたが、かく言うわたしも習慣化がさほど得意なほうではなく、これまでにいろんな「三日坊主」をやってきました。

そんなズボラなわたしが、「書く」ことを毎日の習慣にするためにいろいろ試してきたなかで、「これは効果があったな」という方法を紹介していきます。

最初に教えたい、今すぐに実戦できる簡単な方法は、書くためのツールを

「目に入るところに置いておく」こと。

たとえば「読書」を習慣にするためには、本を本棚にしまっておくのではなく、リビングのテーブルやベッドサイドなど、生活の動線で自然と目に入る場所に置いておくのがポイントとなります。これを「書く」に応用するなら……

- スマホのホーム画面にメモアプリを置く
- リビングやベッドサイドに手帳を広げて置いておく
- パソコンのブックマークに「書く」ためのツールを入れる

など、なにも考えずにサッと取り出せる、あるいは生活をしているなかで目に入る場所に「書く」ツールを置いておくのがオススメです。

わたしは右利きなので、電車などの移動中も片手で書けるように、メモ帳やブログのアプリはスマホのホーム画面の右端に並べています。

手持ち無沙汰になるととりあえずスマホを取り出す人は、開くアプリをゲームからメモ帳アプリに変えてみるところから、「書く」習慣が身についていきます。

「スマホで文章なんて書けないよ」と思うかもしれませんが、つねに持ち歩いているものなので、これで書けるようになると習慣化が一気に加速します。

実際にわたしも、スマホを使って書くことが一番多いですし、この本も半分はスマホで書きました。

手帳も同様に、いつも食事に使っているテーブルの隅っこに置いています。

少し邪魔なときもあるのですが、食事をして食器を片付けて一息ついたあと、テレビを観ながら手帳を開く習慣がつきました。手書きから習慣にするのであれば、ペンもセットで置いておくと、取りに行く手間が省けるので忘れずに。

つまり「書く」を習慣にするポイントは、

「秒で書ける状態」にしておくこと。

「書きたい」という気持ちは、いつ生まれるかわかりません。泡となって消える前に文字として定着させてあげられるよう、視界に入るだけでなく、すぐに文字を紡げる状態をつくっておきましょう。

まとめ
matome

目に入るところに置くことから「習慣化」ははじまる。書くためのアプリをホーム画面に追加してみよう。

「自分日記」で思いを言葉に変えていこう

「自分の思いをうまく言葉にできない」

そんな人は、才能がないわけではありません。

思いを言葉にする練習が足りていないだけです。

人生にはいろんな出来事があって、そのたびに自分のなかに「悲しい」「嬉しい」などの感情が生まれているはずです。

だけど、知らず知らずのうちに、わたしたちはその感情を押し殺してしまう。

「思っていることはオープンに言おうぜ！」なアメリカとは違い、日本ではある種「思っていることは、はっきりと言葉にしないほうがいい」とすら考えられています。

それこそ学生のころなんて、部活で理不尽なことがあっても先生や先輩に口答えせず、黙って耐え抜いて……なんて経験もあるのではないでしょうか。

でもなぜか大人になると、「言いたいことがあるなら言って！」と、さもそれが当たり前かのように言われるんですよね。

我慢して耐え抜いた果てに待っているものが「自己主張ができない大人」だなんて、悲しいですよね。

それはさておき、そうして我慢を強いられてきたわたしたちの感情は死滅寸前です。

なにがあっても、自分の思いを素直に言葉にできないまま、「はい、はい」

と頷くだけのロボットになってしまいます。そうなる前に、

生まれてきた感情を言葉にして住まわせよう。

そんな、言いたくても言えない自分の思いを言葉に変え、定住させるツールが「自分日記」です。

スマホのホーム画面にメモアプリを置いたり、ノートを用意したりしてもらいましたが、これを絶対に誰にも見られない「自分日記」にしてください。

ルールは簡単。日常生活のなかで、「今、気持ちが動いたな」と感じたら、その出来事と思いをメモするだけ。

「部長に怒られた　ムカつく」
「映画を観た　悲しかった」

など、簡単なものでOKです。

あとは1日のおわりに見返して、もう少し思いを吐き出せそうなものを探します。

ポイントは「モヤモヤ度」です。

「部長に怒られた　ムカつく」の字面を見てモヤモヤしたら、まだあなたの心のなかに言いたいことが溜まっている証拠。

それを全部書き出してみましょう。

「部長はいつもわたしにばかりイライラをぶつけてくる。わたしのどこが気に入らないんだろう？　腹たつ〜！！　うんこ踏んでしまえ！！」

誰に見せるものでもないので、どんな言葉でもかまいません。

「これでもか」と思うほど書き殴ってペンをおいたら、目の前にある文章があなたのありのままの「本音」です。

自分の思いを言葉に変えていく練習を積み重ねていけば、スルスルと言葉が出てくるようになります。

よく、プレゼンや講演などで突然指名されても、悩まずにサラッと自分の考えを答えられる人がいますが、そういう人は普段から自分の思いを言語化するのに慣れている人です。

まずは、恐れることなく「本音を言葉にする」ことを習慣にしてみましょう。

まとめ
matome

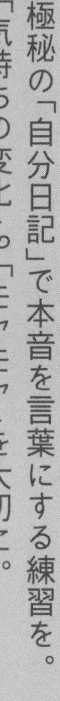

極秘の「自分日記」で本音を言葉にする練習を。
「気持ちの変化」や「モヤモヤ」を大切に。

ハードルをうんと低くする「5分マジック」

わたしはことあるごとに目標や計画を立てて、自分を鼓舞するのが好きです。「毎日1時間の筋トレをする」「毎朝7時に起きる」「ブログを1ヶ月間、毎日更新する」など。

でもあるとき、一見自分を高みへと連れていってくれそうな目標こそが、自分を三日坊主にさせていることに気づきました。

習慣化が苦手な人は、「高めなハードルを設定しがち」です。

新しいことをはじめるとき、やる気に満ち溢れているとき、「変わりたい」

という思いが強いとき、多くの人は実力よりも高い目標を設定してしまいます。「どうせやるなら、きっちりこなしたい！」と、つい頑張ってしまうのです。

でも確実に習慣にしたいのなら、ハードルはうんと低いほうが長続きします。

習慣を長続きさせる魔法の言葉は、

「5分だけやろう」です。

たとえば、「毎日、記事をひとつ書く」という目標を立てたとしましょう。

仕事に余裕があったり、休日で時間があったりするときは、「意外といけるかも」とスイスイこなせるかもしれません。

でも、仕事でクタクタになって帰ってきたときはどうでしょう。

スマホに指を滑らせるのですら億劫になって、「もう明日でいいかなぁ……」なんて気持ちになってきます。

そんなとき、「5分だけやろう」と頭のなかで唱えてみると、「1文字でもいいから、今日あった出来事を書いてみようかな」なんて思えてきます。そして、5分だと思って書いているうちに夢中になって、10分、30分と経ち、気がつけば1記事分を書きおえている……なんてこともあるかもしれません。

実際に、わたしは仕事に着手するときもこの感覚でやっています。手をつけたくないほど面倒な仕事があって1週間ぐらい放置していたのに、「このままじゃ永遠にやらないから、5分だけ進めよう」と思って着手すると、キリのいいところでおわらせたくなってそのまま完成しちゃった、というパターンが多いのです。

人はやる気があるから行動するのではありません。

行動するからやる気が出るんです。

最初の一歩さえ踏み出せれば、勢いでタタタッと10歩ぐらい歩いちゃうものなんです。

やる気がみなぎっているときは、「自分ならできる！」と、根拠のない謎の自信に押されてハードルを高く設定しがちですが、一度落ち着いて。

まずは一歩でもいいから、毎日着実にこなしていくことが大切です。

はやる気持ちをグッと抑えて、うんと低いハードルを設定してみましょう。

まとめ
matome

高い目標を設定すると長続きしない。
「5分だけ」と決めて書くと、着実にこなせる。

「思考停止時間」を探し出せ！

個人的にはこれが一番オススメしたい習慣化のコツ！

毎日忙しい人でも、意外と頭が休んでいる時間はあります。

その「なにかやってるけど頭は休んでいる時間」に「書く」を組み込むのです。

とくに、「時間を一切無駄にしたくない」という効率重視の人にはぴったりのやりかただと思います。


わたしも、毎日いろんなことをこなさなくちゃいけないなかで、「なにかをやるために時間を設けるのはもったいないなぁ」と思ってしまうタイプです。

だって、1日はたったの24時間。

日中は仕事をしているからこそ、自由時間は漫画を読んだり昼寝をしたりと好きなことに充てたいし、自分の生活リズムを崩すのは嫌じゃないですか。

それに、なにかをやってもやらなくても一切支障のない時間を使いながら、「気づけば文章がスラスラ書けるようになっちゃった！」ってほうがおトクですよね？

というわけで、実際に生活のなかで使える時間の例を見てみましょう。

・電車で移動している時間
・ランチを食べている時間
・駅から家まで歩いている時間
・テレビを観ている時間
・湯船に浸かっている時間

他にも、人によってはいろんな「思考停止時間」があると思います。

もちろん、思考を止めて脳を休めるのも大切なので、すべての時間を活用する必要はありませんが、どれかひとつでも「書く」時間に充ててみると、あっという間に習慣になっていきます。


たとえばわたしは、「ゆぴの10分日記」という500～800字程度の記事を書いています。

「帰り道の10分間で書くひとりごとのような日記」と銘打っているとおり、当時の最寄駅から自分の住んでいたマンションまでが自分の歩く速度でちょうど10分程度だったので、毎日その時間を執筆に充てていました。

「毎日更新していてエラいね！」とまわりからは言われていたのですが、本人としては、「だって10分間歩いているあいだ、やることないし……」くらいの熱量でした。

要するに、わたしはその10分間の、

「なにかしようがしまいが、どっちでもいい時間」

これを使っただけなのです。

SNSをぼーっと眺めていようが、なにも考えずに歩みを進めていようが、とくに得られるものがないのなら、その時間を使ってなにかをしたほうがいい。

しかも、そうやって「ながら」で書いたものに少しずつ読者がついて、いろんな仕事につながっていったので、本当に儲けものでした。

時間を取ってやるよりも、「ながら」で書くからこそ、あとから得られるリターンもとても大きく感じられますよね。

ちなみにこの10分日記は、わたしが駅近物件に引っ越ししてからは、ガクッと更新頻度が減りました。

いかに「ながら」の効力がすごいか、おわかりいただけたでしょうか……。

まとめ
matome

ぼーっとしている時間を活用すれば「習慣化」できる。
なにかをしてもしなくても変わらない時間を探そう。

「毎日やる宣言」で自分のプライドを利用する

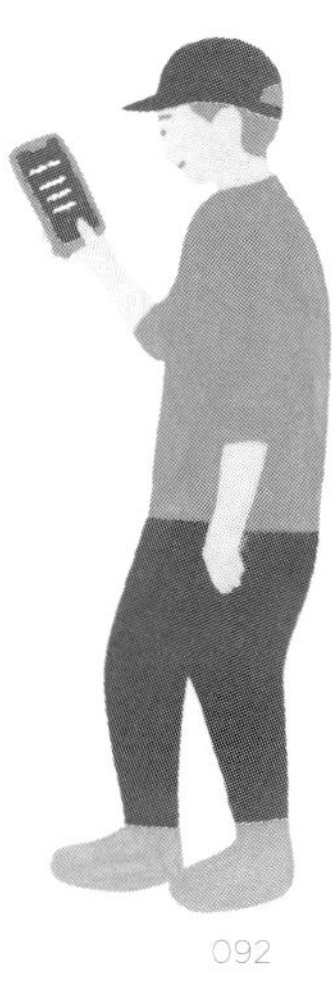

「誰かに宣言する」のも習慣化のひとつの手段です。

なぜなら習慣化ができない原因のなかには、「やめても誰にも怒られないし迷惑をかけることもないから」という、いわば「甘え」の感情があるからです。

SNSを見ていると、「これから毎日○○をします！」と宣言して、毎日進捗を報告している人がいます。

フォロワーとしては、たとえその人が毎日なにかをしようがしまいが「どうでもいいわ！」と思っているかもしれません。

でも、宣言した本人は「言ってしまったからにはやり遂げなければ恥ずかし

い！」という思いがはたらいて、自主的に頑張って続けるようになります。だから、

見切り発車で宣言しちゃいましょう。

これは自らのおしりを叩いて頑張りたい人にはオススメの方法です。

以前、「早起きを習慣化したい」という人から毎朝6時ごろにメッセージが送られてきて、それが半年間続いていたことがありました。

わたしはそのメッセージに対して「いいね」と反応をするだけでしたが、半年後、「おかげで習慣化ができました！」とお礼の言葉をいただきました。

やはり、他人に向かって「やる！」と宣言することで、自然と責任感が生まれ、自走できるようになるんだと思います。

最近はダイエットを頑張りたい人がSNSで「ダイエットアカウント」を作って、毎日のトレーニングや食事の様子を載せていたりしますが、これも宣言のひとつ。

「痩せる」と言ってしまったからには、頑張っている過程を報告して、結果を出さなければ……という心理がはたらいているんですね。

わたしも一時期、ブログの更新を頑張りたかったとき、「今日から1ヶ月、毎日更新します！」と宣言して、ブログを更新するたびに報告するようにしていました。

ちなみにこの手法、仲のいい人に宣言するとどうしても甘えてしまうので、SNSなどでオープンに宣言しちゃうのがポイントです。

あるいは、ふたりきりではなく、複数人のグループでやるのもオススメです。

目標を持ってひとりで頑張れる人ならいいですが、意思の弱い人には監視が必要。
思い切って目標を公表して、しっかり監視してもらいましょう。

まとめ
matome

「誰かに宣言をする」と、責任感が生まれ、自然と習慣になっていく。

「やめたら気まずい」状況をあえてつくろう

「ひとりで頑張れない人」は、まわりを巻き込むのもひとつの手です。

わたしの友人に「朝活コミュニティ」を運営している人がいます。

端的に言えば、早起きを習慣化させ、朝時間を充実させるためのコミュニティなのですが、ここの仕組みがちょっと面白いんです。

コミュニティに入ると、それぞれのグループに振り分けられ、毎日の起きた時間と寝た時間を報告することになります。

メッセージの送信時間は編集できないので、寝坊して9時ぐらいに「おはよう」と報告すると、非常に気まずい思いをすることになるんですね……。

それに加えてこのコミュニティには、みんなでおいしいモーニングを食べにいったり、ランニングをしたり、料理をしたりと、学校や会社に行く前に参加できる楽しいアクティビティが数多く用意されています。

要するに、仲間と一緒に楽しむためには、早起きが必須条件となるわけです。せっかくお金を払って入会しているのに、仲間もできないまま、なにも得るものがないままおわるのは嫌ですよね。

仲間と会えることをご褒美にして、早起きを頑張れる仕組みなのです。

メンバーはかなり多く、新しい人が続々と入ってくる人気コミュニティです。わたしもこのコミュニティに入り、いかに「早起き」が、ひとりでは頑張れないほど定着させるのが難しい習慣なのかを思い知らされました。

でも裏を返せば、どんなに早起きが苦手な人でも、まわりを巻き込めば習慣化できるということを証明してくれています。そこで、ぜひ友人や知人に、

「習慣にしたいことがあるから一緒にやらない？」

そう声を掛けてみましょう。

「なにかやりたいけど、ひとりじゃ続かない」と感じている人は意外と多く、「わたしもやりたいことがあったんだよね！」とポジティブに言ってもらえるかもしれません。

わたしも以前、「書くことを習慣にしたい人たち」でグループを作り、毎日、自分たちの書いた記事を送りあって、お互いにコメントしていく、というのをやっていたこともありました。

今でも「もくもく会」といって、それぞれがやりたいことを習慣化するために、オンラインで集まり、黙々と作業する会に参加することもあります。

なにも話さなかったとしても、誰かが頑張っているのを感じられると、自分もやる気が出てくるものです。

わたしは大学入試前、受験勉強をするのに図書館を利用していました。それも、「みんながバリバリ勉強していて頑張ろうと思えるから」でした。

もちろん「作業会」では、お互いが全然違うことをやるのもOK。友人との作業会では、わたしが文章を書いているあいだ、友人は読書をしていることも多いのです。

ひとりだとつまらないことも誰かと一緒なら楽しくなるので、オススメです。

まとめ
matome

ひとりで頑張れないなら、まわりを巻き込もう。誰かの頑張りを感じると、自然とやる気が出てくる。

「生産性のない自分」を受け入れよう

最初に白状します。

わたしは毎日しっちゃかめっちゃかなスケジュールで動いているので、これはあまりできていません……。

でも、もし毎日をある程度決まったルーティンで過ごしている人であれば、

スキマ時間を探してブロックする。

これが有効です。

世の中には「時間術」と呼ばれるものがたくさんありますが、人の時間は等しく1日24時間で、増やすことは絶対にできませんよね。

そう、「時間術」というのは、「時間を増やす」のではなく、基本的に「ムダな時間を減らして別のことに充てる」ことなんです。

そんな「ムダな時間」のなかで、一番見つけやすいのが「スキマ時間」。

これを、自分の生活のなかから見つけ出して、「書く」ための時間として固定してしまいます。

やりかたは簡単。まずは1週間分でいいので、自分がどの時間をなにに使っているのかを記録してみましょう。

書き出してみると、次ページにあるようなスケジュールかもしれません。

でも、本当にこれですべてですか？

たとえば、起きてからベッドでスマホを見て過ごしている謎の時間があったり、夕食後に好きでもないテレビをダラダラ見ている「リラックスというにはリラックスしきれていない微妙な時間」があったり……。

自分でもあまり認識できていない「無意識なムダ時間」がありませんか？

それらを加味すると、実際には左のページにあるようなスケジュールかもしれません。

「時間がない」と嘆いていた人も、「おや？」となるぐらい、わたした

7時	9時	12時	18時	19時	21時	0時
起床	出勤	ランチ	退勤	夕食	風呂	就寝

7時	起床
7時30分	SNSを見る
9時	出勤
12時	ランチ
18時	退勤
19時	夕食
20時	テレビを観る
21時	風呂
21時30分	SNSを見る
22時	YouTubeを観る
23時	スマホゲームをする
0時	就寝

ちの毎日にはなにに使っているのかわからない「謎の時間」が溢れています。

この、ヘタをすると自己肯定感が下がりかねない事実から、目をそらしてはいけません。

つまり、「生産性のない自分」を受け入れると、スキマ時間はおのずと見つかります。

そして、そんな時間を見つけたらチャンス！

「起きてから支度をするまでの30分間でやる」「好きなテレビ番組のな

い20時からの1時間でやる」と決めて、カレンダーアプリに予定を入れて通知をONにしちゃいましょう。

短い時間でもいいので、スキマ時間の使いかたをちょっとずつ変えて、ルーティンに落とし込んでいけば、無理なく続けられるようになるでしょう。

まとめ
matome

スキマ時間を押さえておくと「時間がない」から解放される。

「書く」ことを楽しく習慣化する「Twitter活用術」

今はさまざまな種類のＳＮＳがありますが、わたしは「書く」ことを習慣化させるのにもっとも適しているのは「Twitter（現・X）」だと感じています。なぜなら投稿ハードルが低く、スピーディにアウトプットできるから。

また、Twitterで日々呟くことで、自然と文章力も磨かれていきます。

というのも、いろんな出来事をすべて「１４０字以内」に要約するのって、簡単そうでめちゃくちゃ難しいからなんです……。

１４０字というかぎられた字数で、どこまで高密度な情報を伝えられるか。

どこまで強く相手に訴えかけられるか。

短いからこそ頭をフル回転して考える必要が出てきます。

そんな、まるで俳句や短歌のような奥深さのあるTwitterで、「書く」ことを習慣化させる3つの方法をお伝えします。まず紹介するのは、

イベントや勉強会の「実況ツイート」をすること。

今はさまざまなイベントや勉強会がオンラインで開催されています。

オフラインが主流だったころは、イベントが開かれるのは都市部ばかりで、地方の人は気軽に参加できませんでした。

しかし今では、オンライン化が進んだことで、全国どこに住んでいても自由に参加できるようになりました。

最近では「Twitter実況者枠」といって、イベントの内容をTwitterを使って

リアルタイムでツイートしてくれる人に対して、少し安い値段でチケットを販売するイベントも増えています。

関連ツイートの投稿量はイベントの盛り上がりを示すため、主催者も多くの実況者に参加してほしいと思っているのです。

そこで、これらのイベントに参加して、感想をTwitterに投稿してみましょう。ただし実況ツイートをするなら、イベントやセミナーの参加中はぼーっと話を聞いたり、個人的なメモを取ったりしていてはいけません。なぜなら、

実況ツイートは鮮度が命だから。

かぎられた時間内に、いらない情報を削ぎ落とし、必要な情報を１投稿１４０字以内にギュッとまとめなくてはいけません。

そのためには、話の内容に集中して、できるかぎり情報を拾い、瞬時に要約してツイートすることに全力を注いでください。要点をまとめるコツは3つ。

①登壇者が強調して話したことを拾う
②箇条書きなどを活用してシンプルにする
③雑談だと判断したら潔くカットする

そしてツイートするときは、イベントで用意されているハッシュタグや、登壇者のアカウントも盛り込んで、「運営にアピールする」こともお忘れなく。

これを意識すると、運営側のアカウントで取り上げてもらえたり、同じイベントに参加した人ともつながれたりして一石二鳥です。

やってみるとわかりますが、これが結構難しいんです。

進行のスピードが速いと、話をまとめているあいだに「あっ、次の話がはじまっちゃった！」ということになりがちですし、大事なことを聞きもらしてしまうこともあります。

話を聞きながらも手を止めないよう、脳みそをフル回転させましょう。

この練習をすると、自分が感じたことを言葉にするのがうまくなるばかりでなく、情報を過不足なく「すばやく要約する力」も鍛えられます。

自分が興味のあるイベントを見つけたら、ぜひ参加して、ただ話を聞くのではなく、実況ツイートをして「要約力」を磨いてみてください。

まとめ
matome

Twitterは「書く」ことの習慣化に最適なツール。
「実況ツイート」で「要約力」を鍛えよう。

「本・漫画・映画」はツイートするまでが体験

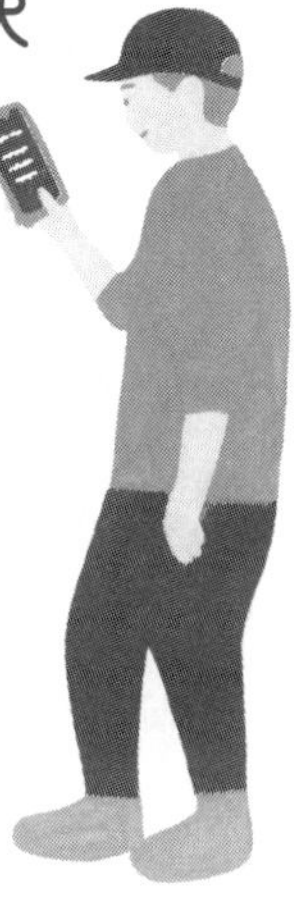

Twitterで「書く」ことを習慣にする2つ目の方法は、「感想ツイート」です。

本や漫画を読んだり、映画やアニメを観たりしたあとは、感想を140字にまとめてツイートしてみましょう。

長々と感想を書くのは腰が重くても、「140字」ならかなりハードルが下がるのではないでしょうか。

小学校のときは嫌だった原稿用紙2枚の読書感想文が、「140字でいいですよ」と言われるような感覚です。

うん、それなら書けそうな気がしますよね。

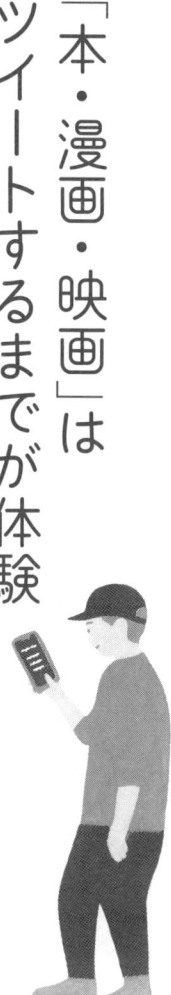

わたしが本や映画などの感想ツイートでよく使う、２つの型を紹介します。

ひとつめのパターンは、

本のポイントを箇条書きでまとめること。

これはおもに実用書やビジネス書に向いています。

箇条書きとTwitterの相性はとてもよく、流し読みされがちなタイムラインのなかで、一目で見て「わかりやすい」と思ってもらえるのでオススメ。

文章を書くのに慣れていない人でも、箇条書きならとっつきやすいと思うので、ぜひチャレンジしてみてほしいです。

そしてもうひとつのパターンは、

140字いっぱいに感想をまとめること。

ちょっとした感想文形式で、小説や物語などの感想をまとめるのに向いています。

箇条書きツイートに比べると要約力が試されますが、ぜひ誰かに紹介をするような気持ちでコンテンツの魅力をまとめてみてください。

感想ツイートをするときに大切なのは、誰かの感想などを参考にするのではなく、ちゃんと自分の言葉で140字にまとめること。同じ本を読んでも、「ここがいいな！」と思う箇所や抱く感情は人それぞれ違います。

「人とは違う意見を持ってしまったかも……」と思っても、どうかまわりに合わせずに、自分のなかから出てきた言葉や感情を大切にしてください。

なぜなら、

意外と人は他人の意見を知りたがるから。

話題の映画を観てモヤッとした感想を抱いたとき、「他の人はどう思っているんだろう……？」と、感想をネットで検索してみたことはありませんか？

すべてにおいて正解を求めてしまうこの時代、みんな「感想の答え合わせ」がしたいんです。

だからこそ、綺麗事をつらつらと並べてみるよりも、本音で思ったことをぶっちゃけたほうが面白く思ってもらえますし、読まれます。

それに、最近では製作者側も、自身のコンテンツの評価を知るために感想を検索していたりします。いわゆるエゴサーチです。

なので、もしかしたら製作者からコメントがもらえるかもしれません。

わたしも、好きな作家さんから直接コメントをいただいて、嬉しくて飛び上がったことも……！

だから、もしあなたがこの本の感想をツイートしてくれたら、わたしも全力で探しにいきます！

せっかく時間をかけて読んだり観たりしたんですから、そこから生まれた感情を、そのまま自分のなかにしまっておくだけではもったいない。

ぜひ140字のツイートにまとめて記録してみてください。

どうしても感想が浮かばないという人は、141ページで「書くネタを見つけるための読書術」を紹介していますので、そちらも参考にしてみてください。

まとめ
matome

本や漫画、映画などの感想をツイートすると、自分の感情を言葉にする練習になる。

つい書きたくなる日常の「解像度」の高めかた

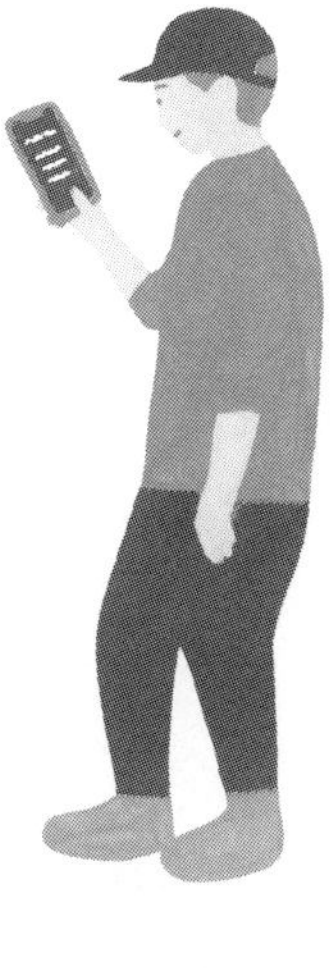

Twitterで人気がある人の投稿は、普段の何気ない出来事も面白おかしく書いていて、まるで読み物みたいに、読んでいて楽しいものだったりしますよね。そんな「日常ツイート」も、ちょっとひと工夫することで書くハードルが下がり、習慣化に役立てることができます。

たとえば、「今日の自分はすごくネガティブだな」と思ったとしても、それをそのまま呟いたところで「ふうん」としか思われないかもしれません。自分も「こんなことを書く意味あるかな？・」と思ってしまいますよね。

より密度の濃いツイートにするポイントは、起きた出来事について

「なぜ？」と問いただすこと。

たとえば、とてもネガティブな1日があったとしたら、

「今日すごくネガティブなのは、なぜ？」→「あまり寝てないからかな」

「あんまり寝られなかったのは、なぜ？」→「3時まで仕事をしていたから」

すると、

「夜遅くまで仕事をするとネガティブになって仕事にも支障が出てくる、という本末転倒さ」みたいに書けるわけです。

実際にわたしは日々の出来事から、次のようなツイートをしています。

出来事：やりたくない仕事を受けてストレスが溜まった

ツイート：

〝我慢して我慢してつらいことをやるのって、ちゃんとおわりが決まってて、自分に明らかなメリットがない限りストレス溜まるだけだと思う。やるなら期間をきちんと決めてしっかりリターンがある前提で、そのご褒美がチラチラ見えるところでやらんと。そう、サウナと一緒です〟

出来事：フリーランス仲間で集まった

ツイート：

〝今日フリーランス仲間で集まったけど「何をやっても仕事になるよ

ね」って話になって、「ていうかこのカフェに来たこともアウトプットしたらもはや仕事よね」ってなった。良くも悪くも全部コンテンツ化しちゃうよね。仕事放置して漫画を読みまくる自分もちゃんと肯定してあげてもっとラクになろうな〟

出来事：低気圧で眠い

ツイート：

〝大事なことって自分がベストコンディションのときにしか考えちゃいけないと思う。体調悪いときってどうしてもネガティブなことばかり考えがちだから…ヘルシーな思考はヘルシーな身体から。（訳：低気圧で眠すぎて何もやる気が起きなくて未来が見えない）〟

「楽しかった」「大変だった」など、一言で済ませられるようなことも、「どうしてそう思ったんだろう？」と掘り下げることが思考を深める練習になります。それを続けることで、何気ない本当にどうでもいいことも、面白おかしく脚色できるようになり、「書いてみよう」と思えるようになります。

また、先ほどのツイートを見ていただくとわかるように、ポイントは、

無理やり学びに結びつけること。

次の段階の話ですが、ただの日常を読んでもらえる文章にするコツです。「なぜ？」の観点で日常を掘り下げることで、自分でも気づいていなかった発見にたどり着けるので、学びがなさそうなところから無理やり学びを捻（ひね）り出せるようになってくるのです。

日々のどんなことにも感情が動くようになる。
そこから学びを見つけられる。
それをネタに昇華させて言葉にしていけるようになる。
これが、「日常ツイート」を習慣にすることで得られる効果です。
まずは1ツイートから工夫して呟いてみましょう。
続けていくうちに、日常に対する観察眼や感性が磨かれていくはず！

まとめ
matome

日常ツイートは日々の出来事をそのまま書かない。掘り下げることでネタに昇華させられる。

「落ち着いたらやろう」は絶対にやらない

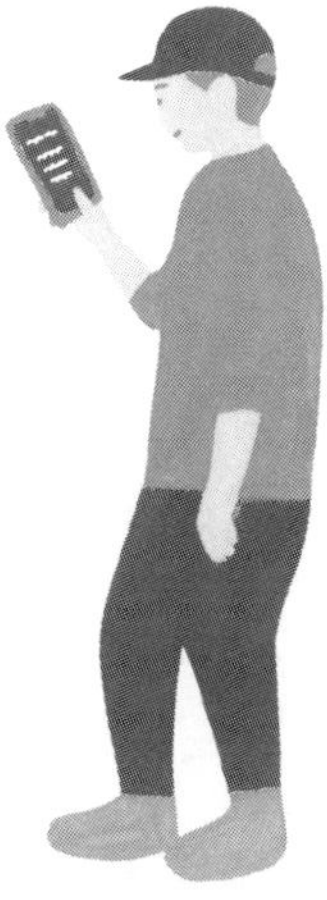

さて、ここまでいろいろと「習慣化」についてお話ししてきました。

でも、なにかをはじめようと思ってもなかなか着手できない人は、「とりあえずはじめてしまう」のが一番オススメだったりします。

わたしの経験上、「今の仕事が落ち着いてから着手しようかな」というのは永遠にはじまりません。

たとえ仕事が落ち着いたとしても、別のやるべきタスクが発生したり、熱が冷めてしまったりして、結局あとまわしになるパターンが多いのです。つまり、

「明日やろう」は馬鹿野郎なのです。

わたし自身、なにかを思い立ったときは、細かいことは全部無視して、とりあえずその日のうちにはじめるようにしています。

やっていくうちに、いろいろと対応しなくちゃいけないことも出てくるかもしれないけど、そういうのははじめてみて困ってから調べればいい。

それよりも、「今やりたいんだ！」というワクワクした気持ちのまま、勢いにのって最初の一歩を踏み出したいのです。

たまに、「ブログをはじめたいんです」と相談をされますが、そのたびにわたしは「はじめればいいじゃん！」と返しています。

でも結局、誰もはじめようとはしません。

それは、「準備やリサーチをしないと着手してはいけない」という謎の考えにとらわれているからなのかもしれません。

たとえば英語学習も同じことです。しっかり英語の勉強をしてTOEICで高得点を取り、それからやっと海外に行くという人もいます。

でも、それよりもさっさと海外に行って現地で学んだほうが、絶対に効率がいいように思ってしまうのです。

「準備」は大切なものです。

でも、準備をしているあいだにやる気がなくなってしまったり、時間だけが過ぎてしまったりするのは、すごくもったいないこと。

だからこそ、荒削りでもいいからとりあえずはじめてしまって、走りながら考えるやりかたがいいと思います。

ビジネスモデルのひとつに「リーンスタートアップ」という手法があります。

新しいビジネスをつくるとき、初期コストをかけずに最低限の機能を持った試作品を短期間でつくり、お客さんの反応を見ながら、製品・サービスに改善を加え、事業の急成長を促す方法のことです。

この、「とりあえずはじめてみて、あとは走りながら考える」というマインドは、新規事業の立ち上げにかぎらず、わたしたちが小さくなにかをはじめるときにもお手本にできる考えかただなと思っています。

パーツが揃ってなかったとしても、とりあえずはじめてみる。

足りないものは、あとで補えばいいのです。

まとめ
matome

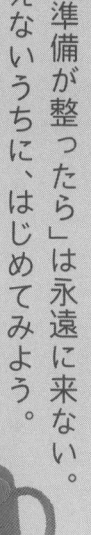

「落ち着いたら」「準備が整ったら」は永遠に来ない。
やる気の炎が消えないうちに、はじめてみよう。

第 3 章

ネタを見つけられると止まらなくなる

You won't stop writing
when you find your topics

あなたの「ありふれた日常」は、じつはネタの宝庫

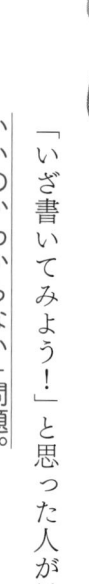

「いざ書いてみよう！」と思った人が最初にぶつかるのが、「なにを書いたらいいのかわからない」問題。

でも、SNSやブログを見てみると、毎日欠かさずなにかしらのネタを見つけて書いている人もいますよね。

その人と自分との違いって、一体なんなんだろう？

先に明かしてしまうと、その答えは、

「いかに日常をネタとして書けるかどうか」です。

わたしたちは、残念ながらそんなにドラマティックな人生を生きているわけじゃありません。

「今日1日、なにをして過ごしていたっけ……」と思い返してみても、いたって凡庸な暮らしだと思います。

朝起きて、パンを食べて、会社に行って、営業先でプレゼンをして、友だちと飲んで、帰ってきてテレビを観て寝る。ものすごく普通ですよね。

でも、「日常をネタにする」力が身につけば、なんでもかんでも立派なネタにして文章を書くことができます。

わたしも普段は、自分の人生を切り売りするように「日常をコンテンツ化」して発信しています。

「人生を切り売りする」というと、ものすごく数奇な人生を送っていたり、漫画のようなスリリングな毎日を過ごしていたりするようにも思えますが、全然そんなことはないんです。

たとえば、日常の出来事をもとに、最近はこんなテーマの記事を書きました。

・長時間座りっぱなしでいたら足が痺れた

↓「集中力が長続きする人は早死にしそうだね」

・韓国ドラマを観ながら夜更かしをした

↓「頭のまわらない真夜中っていいね！」

・好きなアーティストのライブに行けない

↓「好きな人には好きって伝えよう！」

・実家で自堕落な生活を送った

↓「休むのだって大義名分が必要だね」

・計画どおりに行かない仕事がなんとかなった

↓「計画性ってじつはいらなくない？」

自分で言うのもなんですが、ものすごくどうでもいい内容ですよね。

実家でダラダラしたり、足が痺れたり、夜更かしをしたり。

普通の人だと、「えっ、これって『ネタ』のうちに入るの……?」と思うような、ありふれた日常じゃないですか?

でも、これも立派なネタなんです。

61ページでお伝えしたように、その文章の価値を決めるのは、自分ではなく「読んだ人」です。

ただの日常でも工夫して発信することで、ときとして有益なものになります。

それに、毎日をまったく同じように過ごしている人なんて存在しません。

起床時間から、働く場所、関わる人まで、まるで違う。

だから、

物事への考えかたやコンテンツに対して抱く感想だって変わってきます。

あなたの「日常」は、他人には「非日常」かも。

平凡な日常も、誰かにとっては面白くてタメになって、不思議な日常になる。自分の日常を「ありふれた日常」だと勝手に決めつけているのは、他ならぬ自分自身なのです。

この第3章では、そんな「ありふれた日常をネタにする方法」についてお伝えしていきます。

まとめ
matome

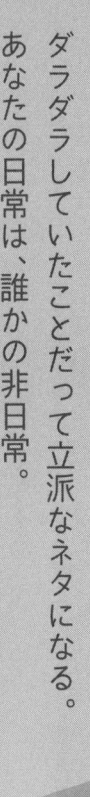

ダラダラしていたことだって立派なネタになる。
あなたの日常は、誰かの非日常。

「愛」のある発信は無益でも受け取ってもらえる

平凡な日常を送る人が一番書きやすいネタは、「好きなもの」です。ドン引きされそうなぐらいの偏愛だって、ちゃんとネタになるんです！

たとえば、わたしは今までに次のような記事を書いてきました。

「私の推しの〝さゆりちゃん（51）〟の話を聞いてくれ」
「田村ゆかりさんのライブで考えた「好きなことで生きる」こと」
「『ひぐらしのなく頃に』はグロアニメじゃない、心あたたまるハートフルアニメなんや」

はい、ヲタク全開で非常に気持ち悪いですね。

でも、多くのファンの人から「わかる！」と共感していただいたり、逆に知らなかった人から「こんな人がいるんだね」とコメントをいただいたりしました。

最初の記事の「さゆりちゃん」は、関西を中心に活躍する夫婦(めおと)漫才コンビ「かつみ♥さゆり」の「さゆりちゃん」のことです。

この溢れんばかりの愛がこもった文章を書き、ラブコールを送った結果、最終的には取材にまで漕ぎ着け、なんと一緒にお仕事をすることができました。

どんな文章テクニックをも凌駕(りょうが)する最強のコンテンツ。それは、

「好きなものについて書く」こと。

ここで、ひとつ質問です。

みなさんはこれまでの人生で、いろんなお店に行ったり、なにかを観たり、物を買ったりしてきていると思います。

それって、すべてご自身で発掘してきたものですか？

「仲のいい友人にオススメされたから」

「芸能人が紹介していたから」

「Twitterで見たから」

おそらく、自分で見つけたものだけではなく、誰かしらの「感想」を見て買ったり足を運んだりしたものも多いのではないでしょうか。

あなたを動かしたその「感想」には、「本当に好き！」「本当にいい！」という、「愛から生まれる熱量」があったはずです。

だからこそ「好きなもの」について書くと、自分のなかにある「愛」から生まれた「熱量」がギュッと詰まり、読んだ人にもその連鎖が広がっていきます。

情報量の多い今の時代、もっとも信頼できるのは「好き」というピュアな気持ちだと思っています。

その気持ちを大切に、堂々とさらけ出してみてください。

でも、なかには「熱狂できるものがない」という人がいるのも事実です。

そんな「好きなものがない」という人にお聞きしたいのですが、

いま、心に余白はありますか？

そもそも心に余白がないと、好きなものは見つかりにくいと思います。

「好き」という感情はとても儚い気持ちです。

好きだと思っているうちは、それが人生の糧になったりするのに、忙しくなって心の余裕をなくしてしまうとすぐに忘れてしまいます。

だからわたしは、仕事に忙殺されそうになったとき、仕事道具を手放して遠い場所に出かけます。

すると「なんだか本が読みたいな」と、好きなものを思い出してくるのです。

「好きなものがないなぁ」と思う人は、少し立ち止まって、自分の心の声に耳を傾けてみるのもいいかもしれません。

まとめ
matome

好きなものについて書いた文章は、熱量が高くなり、読者にも伝わりやすい。

「枯れた心」から ネタは生まれない

毎日のように書きつづけていると、「今日は書きたくないな……」という日が誰でも来ます。

スマホも見たくないし、パソコンも開きたくないし、手帳も開きたくない。

そんなときは、もしかしたら「インプット」が足りていないのかもしれません。

本を読んだり、映画を観たり、あるいは人の話を聞いたり……。

そうやって自分の外側にあるものからなにかを受け取るのが「インプット」です。

反対に、文章を書いたり、絵を描いたり、人に話したりすることは「アウトプット」といいます。

今さらこの言葉を説明したのは、わたしはこの「インプット」と「アウトプット」のバランスがすごく大事だと思っているからです。

インプットだけでもダメだし、アウトプットだけでも書きたいことはいつか枯渇してしまう。

だから、「書きたくないな」と思うときは、いったん気持ちを切り替えて、意識的にアンテナを立てて情報を集めてみてください。

本や映画など、好きな作品に触れるのもいいし、誰かに電話して話を聞いてみるのもいい。

自分の外側に目を向けてみることで、「言いたいこと」が湧き出てきて、「書いてみようかな」となるんです。

もちろん、いろんなコンテンツに触れてみることも重要なネタ探しのひとつ。

むしろコンテンツに触れつづけているかぎり、

テーマは無限に出てくる。

そう言っても過言ではありません。

たとえば1本の映画を観ていても、いろんな感想が出てくると思います。


「塞ぎ込む主人公を見て、自分の高校時代を思い出した」

「告白シーンがベタすぎて微妙だった。わたしならこうする」

「好みのタイプの俳優を見つけた」


など、「楽しかった」「良かった」だけではない思いが浮かんでくるはず。

でも残念ながらこれらの思いは、コンテンツに触れてからしばらくすると思い出せなくなって、「楽しかった」だけの、ペラッペラな感想になってしまいます。

たしかに「楽しかった」けれど、なにが「楽しかった」のかを詳しく思い出せない。

それってすごくもったいないことですよね。

最近、衝撃的なことがありました。

友人に「オススメの小説を教えてほしい」と言われたので、高校生のときにつけていた読書記録を見返したのですが、当時読んだ本がどんな話だったのか、あまり覚えていなかったんです……。

高校生のフレッシュな頭にインプットしたことすら思い出せないんだから、大人の記憶力なんてたかが知れています。

だから、忘れないうちに言語化して残しておくこと。

これを念頭に置いてコンテンツに触れれば、「これを見て自分はどう感じただろう？」と自分に問いかける癖がつき、おのずと「人に伝えたい、自分の考え」が湧いてくるでしょう。

書きたいことがなくなったときは、無理に頭をひねらず、まっさらな気持ちで「吸収」をしてみてください。

まとめ
matome

自分のなかから無理に言葉を探すのではなく、外に目を向けてみよう。

「面白かった」でおわらない人になるための読書術

先ほど「インプット」についてお話ししましたが、「文章の書きかた」を学ぶ近道は、読書というインプットを楽しむことだと思っています。

ビジネス書からは論理構造が、小説からは多彩な表現を学ぶことができます。

また、「書くことがない人」が一番書きやすいのは「感想文」です。

ネタを見つけるためにも、書く練習のためにも、読書は必要といえます。

とはいえ、「感想文」といっても、あらすじの紹介だけでおわってしまったり、「面白かった」という感想しか出てこなかったりと、はじめはどのように書いたらいいのかわかりませんよね。

というわけで、わたしがやっている読書術の3つのポイントを紹介します。

まず、一番大切なこととして、

「売る前提」で本を読まないこと。

「いつかこの本は売るのだから、汚さないよう美しく読まなければ！」という気持ちもわかりますが、それだといつも持ち歩いたり、付箋を貼ったり、ドッグイヤー（角を折ること）をしたりすることも躊躇してしまいます。

わたしは、気になるページは遠慮なくドッグイヤーをするようにしています。

なぜなら付箋を持ち歩くのも、その都度メモを取るのも面倒だし、そのたびに集中力を削がれるのが嫌だからです。

「読書中は本の内容だけに集中するべき！」と考えているのです。

読書をするうえで大事なのは、高値で売るために本を丁重に扱うことではなく、確実に読了して自分に必要なエッセンスを取り入れること。

汚さないよう気を遣うのではなく、むしろガシガシと読み倒して、本からありったけの知識を搾り取ることに意識を向けましょう。

次のポイントとして、読んでいる最中は、

心に引っかかる箇所だけに印をつけよう。

本には著者が書きたいことが凝縮されているので、著者にとっては「削っていい文章などひとつもない」ようにできています。

ですが読む人にとっては、心に残る部分もあれば、まったく刺さらない部分もありますよね？

たとえば、『人生で大事にしたい24のこと』のような本があるとしたら、その24項目すべてが同じぐらい自分の心に残った、ということはあまりないはず。

そこで、自分の琴線に触れたものだけをすくいあげるため、心に引っかかる箇所があれば、付箋やドッグイヤーで印をつけていくようにします。

「心に引っかかる」というのは今の自分が無自覚に必要としていたり、どこかで気にしていることだったりするので、しっかり記録しておきましょう。

全部の内容を拾おうとすると、大切なことがどこだかわからなくなってしまいます。「これは!」と思った部分だけ印をつけ、印をつけたら一度そのことを忘れて、読み進めてみましょう。

そしてこれを繰り返しながら、最後まで読みきったら、

秒で感想を書きましょう。

先ほども触れましたが、ここが大事なところです。

精神科医である樺沢紫苑さんのベストセラー『学びを結果に変えるアウトプット大全』によると、アウトプットとインプットのバランスは「7：3」が最適なのだそう。

つまりアウトプットまでが読書。

いや、むしろアウトプットが読書のメインと言うべきかもしれません。

「読書感想文」と聞くと、学生時代の在りし日の記憶が蘇ってきて嫌悪感を抱く人もいるかもしれませんが、そんな大それたものじゃなくてかまいません。

わたしがやっている「超時短で読書感想文を書く方法」をお伝えします。

まず、本を読みおわったら、印をつけた箇所を見て精査します。

「読んでいるときは『なるほど！』と思ったけど、今見返すとそうでもないな」という箇所も出てくるはずなので、それらを省き、もっとも心に刺さった一文を抜き取ります。

そして、その一文をノートやパソコン、スマホメモなどに書き写して、

・なぜその部分が心に刺さったのか？
・今の自分とどう重なったのか？
・これを受けて、今後どうするか？

これらを考え、その一文の下に本音を書いていきます。

「感想文！」と身構えずに、メモ程度でいいので、自分が読書を通じて感じたことを書き記しておきましょう。

慣れてきたら、読後の感動が冷めやらぬうちに、ある程度の量の文章をブログなどに書き連ねてみてもいいと思います。

ノウハウ系であれば、110ページで紹介した方法も参考に、1ツイートにまとめてシェアしちゃうのもオススメ。

内容の要約を発信することで、「要約でもいいから中身を知っておきたい！」と感じている、時間に追われる現代人に反応してもらえます。「まとめ」はみんなの大好物なのです。

本を読みおえた瞬間から、内容の記憶は失われていきます。

「この本は素晴らしいから、時間のあるときにじっくり読み、論ぜねばならぬ」「この熱い思いはスマートフォンのフリック入力などでは伝えきれまい。パソコンに触れられるときにあらためて語ろう」

……とか思っていると、

5000年くらい過ぎるので今書こう。さっさと書こう。

読書をするときは「さーて、この本からなにを吸い取ってやろうか！」というアウトプット前提の姿勢を忘れずに。

どうせ読書するなら、自分にプラスになるように読んでいきましょう。

まとめ
matome

読書は「書きかた」を学ぶ一番の近道。心に残った箇所に印をつけ、すぐに感想を書こう。

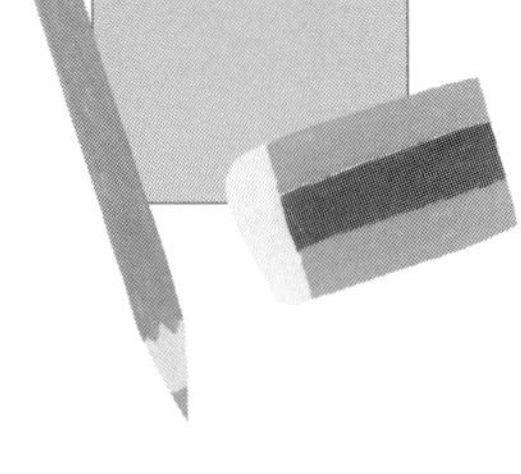

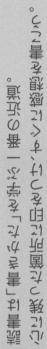

テーマを決めて、自分に「取材」してみよう

「なにを書いたらいいのかわからない」を解決するもうひとつの方法は、なにかひとつテーマを決めること。

バラエティ番組でも、ただ雑談を繰り広げているわけではなく、なにかしらのトークテーマが設定されていて、それに合わせてタレントさんがコメントをしていきますよね。

あるいは、就活時のグループディスカッションを思い出してみてください。

初対面の学生同士がいきなりグループを組まされて、「いやお前と話すこと

なんて1ミリもないよ！」と一瞬思ったりもしますが、議論するテーマが与えられることで、かろうじて会話ができていたかと思います。

それと同じで、文章を書くときもテーマを設定すれば、意外とサラサラと書けたりするものです。

「最近あった面白かったこと」
「人生のなかで一番感動したこと」
「好きな漫画」
「尊敬する人」
「休日の過ごしかた」

こうして列挙すると、まるで合コンのトークテーマみたいですが、

ぶっちゃけ、テーマはなんでもかまいません。

なにが言いたいかというと、ゼロからなにかを生むよりも、ある程度決められた制限のなかで生むほうがはるかに簡単だということ。

また、テーマがあれば、そこから想起された思いがけないエピソードが自分のなかから湧き出てくることもあります。

わたしは本業でインタビューライターをしていますが、わたしがテーマに沿って投げかけた質問によって、「そういえば、こんなことがありました……」と、過去の出来事を掘り起こしてもらえることがあります。

結果的に、信じられないような熱い思いやメッセージに出会えたことも少なくありません。

なんにもないところから、頑張ってネタを生む必要はない。書くことがないのなら、テーマに沿って、誰かから質問されたような形で書いてみるといいと思います。

ちなみにテーマは「ブログ　テーマ」で検索すると大量に出てきますし、この本の巻末にもいくつか載せてあるので、参考にしてみてください。

まとめ

matome

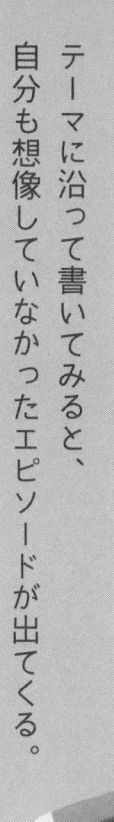

テーマに沿って書いてみると、自分も想像していなかったエピソードが出てくる。

なにもない日は「なにもない」ことをネタにする

この章では、ありきたりな日常を過ごしながらも、そこから「書く」ためのネタを生みだす方法をお伝えしました。

それでもやっぱり、「なにもない日」は必ずあります。

わたしだって、なにもやらずにパジャマのまま1日中ずっと寝ている日はたくさんありますし、すべての人に「なにもない日」は存在するものだと思っています。

そういうときは、最終手段として、

「なにもない」ことをネタにするのもアリ。

「今日はなにもしなかった。朝になっても布団から出られず、1日中ゴロゴロしながら過ごしてしまった。でも、たまには時間に追われずにのんびりとしているのもいいなと思った。こういう日こそ、わたしたちは自分のことを責めてはいけないと思う。そもそも日本人は心配性なうえ、働きすぎなのだ。なにもしなかった日でも、自分のことを責めず、〝今日もちゃんと生きたね〟と自分のことを褒めてあげたい。まぁ、こんな1日もあるよね。」

……若干の無理やり感はありますが、一応それっぽくはなりますよね。

「ネタがない……」と思っても、とりあえず「今日はなにもしなかった」と一言書いてみる。

すると、「いや待てよ、よく考えてみれば一応ごはんも食べたし、夢も見たし、ちゃんと息もしたじゃないか！」とポジティブな気持ちになれて、「なにもしなかった」はずの1日からなにかを生み出せるようになります。

また、毎日のように日記を書いていて思うのですが、日記って必ずしも「出来事」を書かなくてもいいんですよね。

出来事としてはなにもなかったかもしれないけど、ぼーっとしながらでも「考えたこと」や「感じたこと」があるはず。

なにもしなかった日でも、「思い」を言葉にしていくことはできるのです。

まとめ
matome

「なにもしなかった」と書くと、「なにかした」ことに気づける。

情報を集めることだけが「インプット」じゃない

「インプット」と聞くと、なんだか難しそうで、少しハードルが高く感じてしまいますよね。

ここまで「インプット」という言葉を多用してきておいて恐縮ですが、この章の最後に「インプット」にまつわる誤解についてお話ししておきます。

以前、「ネタを探すコツはありますか?」と聞かれて、「イベントに参加したり、本を読んだり、映画やテレビを観たり、ごはんを食べたり、友だちと会って会話したりすることです」と答えたところ、「つまりインプットが大事とい

うことですね！」と言われたことがあります。

間違ってはいないのですが、わたしは「インプット」という言葉自体が、どこかすごく無機質に感じたのです。

「良質なインプットをしよう」

ビジネス書にはこんな言葉がよく書いてあります。

分厚い本や数時間かけたイベントから、有益な情報を効率よく拾い集めるようなイメージでしょうか。

でも、わたしの思う「日常でネタを拾うコツ」は、もっと身近で些細なこと。

空を見上げて「綺麗だなぁ」と思うとか、友だちの話に「なるほどなぁ」と感心したりだとか。

なにかに触れて、なにかを感じて、なにかの感想を抱く。

感情が動いたら、それがインプット。

「インプットしなくちゃ」と、苦手なことやつらいことを頑張ってやる必要はありません。

むしろ、それで自分の感情が動いてなければ、あなたの心にはなにもインプットされていないも同然！

好きなことや楽しいことを思い切りやるのも、ひとつの「インプット」。

もっともっとハードルを下げて、楽しんでほしいなと思います。

まとめ

matome

感情が動いたら、それはインプット。

ハードルを高く上げすぎず、インプットを楽しもう。

第 4 章

ちゃんと伝わると嬉しくなる

The joy when your audience understand your message

その文章、「中学生」にも伝わるレベルですか？

文章を書く習慣、そしてネタを見つける習慣を身につけたら、少し背伸びして、「誰かに読んでもらえる」文章を目指してみるのも良さそうです。

「自分のため」から、「誰かのため」の文章へ。

ここからは「人に伝える」ことを前提とした文章の書きかたに移っていきます。

とはいえ、難しいテクニックは必要ありません。

この本の冒頭で「誰でも書いていい」とお伝えしたように、中学生までに習う言葉だけでも充分に、伝わる文章は書けると思っています。

むしろ多くの人に確実に「伝わる」文章とは、

簡単な言葉で書かれた文章なのです。

おそらくこの本は「ビジネス書」にカテゴライズされると思うのですが、著者のわたしはビジネス書があまり好きではありません。

それは、さも一般常識かのように横文字がバンバン出てくるから……（笑）。

普段から文章を読み慣れていて語彙が豊富にある人を除けば、難しい単語が出てくると途端に読む気が失せる人のほうが多いのではないでしょうか。

わたしも社会人になったとき、「コンセンサス」「アジェンダ」などの横文字が飛び交うたびに、「合意とか議題じゃダメなの？」と何度首を傾(かし)げたかわかりません。

むしろ本来の言葉よりもちょっと長くなってるし……。

ビジネス用語というのは不可解です。

不思議なもので、本来、言葉は誰かになにかを伝えるためにあるはずなのに、みんなこぞって伝わらない言葉を使いたがります。

失礼を承知で言うと、たぶんちょっとかっこいいから。

わたしも中学2年のときにライトノベルで「俯瞰(ふかん)」という言葉を覚えたときは、無駄に使いたがったものです。

難しい言葉は、響きはいいけれど、わかる人にしかわかりません。

裏を返せば、やさしい言葉を使うほど、より多くの人に届くのです。

「誰かに読んでもらう文章」を書くための大前提として、著名な作家でもインフルエンサーでもないわたしたちの言葉は、まず伝わらなくちゃ意味がない。

だからこそ簡単で、やさしい言葉を使う必要があります。

そして、ものすごく簡単な言葉を使うということは、ある意味で言葉に頼らないということでもあります。

難しい言葉は、ニュアンスだけの理解で使えるから意外と便利。

でも、簡単な言葉だけでそれを説明しようとするときは、「噛み砕く」という行為が加わります。つまり、

「簡単な言葉を使う」とは「思考する」こと。

難しい言葉を日常的に使ってしまっている人は、それに慣れ親しんでしまって、おそらく自分が難しい言葉で会話している自覚もなくなっているはずです。

聞いている側も、「それ、どういう意味ですか？」なんて話の腰を折るようなことはわざわざ尋ねず、「そうなんですね」と知ったかぶってしまうもの。

でも、それで本当に意味が伝わっていると、自信を持って言えますか？

「コアコンピタンス」「ジャストアイデア」などの意味を即答できる人がどれだけいるのでしょう。

専門的な内容を、一部のかぎられた人に伝える目的ならかまいません。でも広く伝えたいことがあるのなら、「この言葉は中学生でも知っているレベルの言葉かな？」と、階段を一段スイッと降りて考えてみてほしいのです。読み手に辞書を引かせたり、ググらせたりする必要のある文章は、思っている以上に届いていません。

まとめ
matome

専門的な言葉を多用すると届かなくなってしまう。「中学生でも知っているか」を基準に書こう。

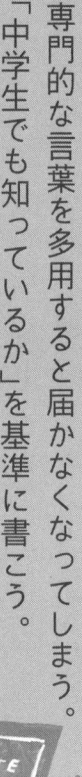

すべての文章は「知るかボケ」前提で書く

言葉のレベルを下げることと同じくらい、大事なことがあります。
それは、すべての文章を「知るかボケ」前提で書くこと。
要するに、自分が知っていることを世の中の当たり前だと思わないことです。

わたしは昔から数学が苦手で、中学で習う「因数分解」に見事につまずき、父に泣く泣く教えてもらったことがあります。
しかし、うちの父は数字に強かったため、「こんなの誰でもわかるでしょ！」という本心が、態度や言葉の端々に滲んでおり、わたしは自分がバカにされた

みたいで悔しくなって、途中で教わることを放棄した……という経験がありました。

それ以来、自分のなかで心に決めていることがあります。それは、

「相手は自分が思っている以上になにも知らない」

という前提を忘れないこと。

「言葉を紡ぐことで報酬を得る仕事」をしているわたしは、光栄にも、ときおり「ライティングを教えてほしい」と依頼されることがあります。

「こんなの簡単だよ～」と内心では思いつつも、先ほどの初心を忘れずに、基礎から丁寧に教えるようにしています。

文章は、どこで誰のもとに届いて読まれるかわかりません。

だからこそ、できるだけ読者に「？（はてな）」を抱かせないことが重要になってきます。

具体的には、次の点を注意しています。

・専門用語は使わない（とくに横文字）
・固有名詞には必ず説明を入れる

専門用語とは、たとえばわたしがいた広告業界における「コンバージョン」「リバイズ」「プロトコル」といった用語などを指します。

これらの言葉は社内では通じても、別業界の人には通じないこともありますよね。

わたしも広告業界にいたときは、いつもの癖で、友だちの前でこれらの専門用語を言ってしまい、伝わらないばかりか、「こんなにも自分は業界に染まってしまったのか！」と絶望したことがあります。

まさに、井の中の蛙大海を知らず。

狭い世界から一歩外に出れば力を失ってしまう言葉は、広く届けたい文章には必要ありません。

文章を書きおえたあと、専門用語を無意識に使っていないか、チェックしてみてください。

次に重要なのが、固有名詞の説明。

たとえばわたしは、渋谷を拠点にした『朝渋』という朝活コミュニティに入っていました。その話を出すときは、何度登場させようが、

絶対に説明を省かないようにしています。

「この前『朝渋』でこんなことがあった。」

と省略するのではなく、

「わたしは『朝渋』という朝活コミュニティに所属しているのだが、この前そのイベントでこんなことがあった。」

というように書きます。

わたしにとって『朝渋』は毎日の生活に溶け込んでいるものであり、『朝渋』のことも、わたしが『朝渋』に所属しているのも、「周知の事実」と錯覚しそうになります。

でも実際に蓋を開けてみると、たまたまSNSでつながっている半径1メートル程度の人が知っているだけであって、ほとんどの人はそんなことは知りません。

そんなまったくの他人が「この前『朝渋』でこんなことがあった」という文章

を見たら、「なんだそりゃ？」となるでしょう。

読者は自分のファンでも友だちでもありません。たまたまネットに落ちていた文章を拾って読む、まったくの他人であるのが大前提です。

「わたしってこんな感じじゃん？」とか言われても、

「知るかボケ」なわけです。

普通に生活していると、まわりの人には当たり前のように話が通じるので、こういった「前提」をどんどん忘れていきます。

もちろん、「『朝渋』に所属している人だけに読んでほしい！」「広告業界の人に物申したい！」というような特定の人に狭く届けたい文章であれば、わざわざ説明する必要はありません。

むしろそうやって読者を絞る目的なのであれば、専門用語も固有名詞も積極的に使っていっていいと思います。

でも広く届けたいのなら、「わざわざ言わなくてもわかるだろう」という思い込みから抜け出すことが大切。

そんな、ちょっとした「親切」が、伝わる文書を紡ぐのです。

まとめ
matome

自分の知識を世間の当たり前だと思わない。
専門用語は使わず、固有名詞には説明をいれて。

「たったひとり」の向こうに世界は広がっている

新商品を企画したり、サービスを考えたりするとき、「想定されるターゲットは〜」とか「ペルソナ（架空の人物像）は〜」と、あらかじめ「どんな人に向けた商品（サービス）か？」を決めることがありますよね。

ときには「年収がいくらで、なにを食べ、どこに住み、どんな暮らしをしているか」など、かなり具体的なイメージをつくり込むこともあります。

文章においても「どんな人が読むかを考えて書くことが大切」と言われがち。

でも、そこまで考えているうちに書く気が失せるわ！

めんどくせぇ！！！！

……少し取り乱しましたが、広告ならまだしも、日常的な文章であれば、そんなところまで細かく設定しなくてもいいとわたしは考えています。

むしろ「日記」のような文章なら、「身近なひとり」に向けて書く。「ノウハウ（知識）」なら、それを知らなかったころの「過去の自分」に向けて書く。

これが、もっとも届きやすいように感じます。

「たくさんの人に読んでもらいたい！」という気持ちはもちろん大事ですが、たくさんの人に読まれたいと思えば思うほど、「誰にも刺さらないふんわりとした文章」になるというのが文章の摂理。

手を広げようとするほど、読んだときの「わたしに向けて書いてくれているのかも！」感がなくなっていきます。

そして不思議なもので、身近なひとりを思い浮かべて書いた文章は、その他大勢にも届きます。

「あのね、こういうことがあったんだけどさ、めっちゃ面白くない？」そんな、**「あなたに聞いてほしい！」がこもった文章だから伝わる。**

まずは難しいことを考えずに、家族でも親友でも誰でも良いのでひとりを思い浮かべて、その人に聞いてもらうような気持ちで書いてみてください。きっと、その相手以外の人からも「わかるわ～」というコメントが届くはず。

まとめ
matome

ターゲットは細かく設定しすぎない。「身近な誰か」か「過去の自分」に向けて書くと共感される。

「いい感じのまとめ」が文章をつまらなくする

インターネットにある「いかがでしたか？」でおわる記事のまぁ多いこと。なにが「いかがでしたか？」だよ。知らんがな。

……と毒づきたくなるほどに、「締めの文章」というのは似たり寄ったりなものになりがちです。

「完璧主義を捨てておわらせるのが大事」といいましたが、ある程度、書く習慣が身につき、もう一歩踏み込むのなら、まとめかたも工夫したいところ。

だからこそ、「いかがでしたか？」は死んでも使っちゃダメだと思います。

いや、「いかがでしたか？」にかぎらず、よくある締め文を採用すると、途端にその文章全体がつまらないものになってしまいます。

せっかくいい文章を書いたのに、最後のまとめかたによってすべてが台無しになる可能性があるんです。

それって、すごくもったいない！

たしかに、「みなさんもぜひ、やってみてくださいね！」とか「ありがとうございました！」と締めることで、「いい感じにまとまっている」感は出ます。

でも、どこか既視感があるまとめかたをするよりも、

自分が思うとおりのまとめかたでいいと思う。

「なんだかまとまらなくてすみません。」とおわっていたら「ああ、本当にまと

まらなかったんだろうなぁ……」と思えて愛しい。

「眠たいのでそろそろ寝ます、おやすみなさい。」なんていうのも、寝る前に机に向かっている様子が想像できてほっこりとします。

わたしの尊敬しているライターに、変わった締め文を書く人がいます。

それまでインタビュー記事というのは、まとめとして「お話を聞いて、○○しようと思いました！」など書き手自身の学びを入れることが鉄板でした。

それを彼の場合は、「○○さんが出演しているこの動画が、めちゃくちゃ可愛いのでオススメです！」と、ものすごく個人的な締めかたをしていて、そこに彼のキャラクターが現れていて思わず笑ってしまいました。

「別に必ずしも話を聞いた感想を書かなくてもいいんだな」と勉強になったのを覚えています。

だから、いい感じにまとめる必要なんてないんです。
それよりも、「いい感じにまとめようとしている」と思われてしまうほうがマイナスだと思います。

論文じゃないのだから、結論だってなくていい。
変なところでおわっていてもいい。

「締め文」のテンプレートを忘れてみることもまた、自分らしさが伝わる文章への一歩となります。

まとめ
matome

いい感じにまとめようとしているのは読者にバレる。綺麗にまとめず、自分らしい言葉で締めよう。

「誰でも書けそうな文章」から抜け出す方法

これはわたしがひねくれているからかもしれませんが、「誰でも書けそうな文章」があまり好きではありません。

巷に溢れている文章術のなかには、Googleなどの検索エンジンに評価され、特定のワードで検索したときに検索結果の上位に表示されるための文章の書きかたを教えるものも多くあります。

これは、多くの人に読んでもらうための「SEOライティング」というテクニックなのですが、わたしはこれがいまだに好きになれません。

それは、「それっぽいことが書いてあるけど、書き手が見えてこない」から。

SEOライティングはマニュアルもあるくらいなので、コツをつかめば「誰でも書ける」仕組みになっています。

それはつまり、「書き手の存在」を排除した書きかただということ。

この「書き癖」がついてしまうのは危ないことだと思っています。

なぜなら、今や世界の情報は「なにが書いてあるか」よりも「誰が書いたか」が大事になってきているからです。

たとえば、とあるカップラーメンがあったとします。

消費者は口コミや記事を漁（あさ）り、吟味してから買うかもしれませんが、自分が信頼している〝料理系インフルエンサー〟が紹介していたら、吟味などせずすぐに買いますよね。

先日、『嫌われる勇気』という本を読みました。あまりのすばらしさに感想を綴りSNSで広めた結果、その感想を読んだ多くの人が購入したそうです。

200万部を超えるベストセラーですから、誰もがその本の存在は知っていたはず。それでもまだ、買っていない人はいたのです。

では、なぜ今回は購買に至ったのか。

それは「信頼している人（恥ずかしながら、わたし）がオススメしているから」「文章を通じて本への情熱が伝わったから」だと推測しています。

ここまで来てなんとなくわかってきたかと思います。

「誰でも書けそう」な文章に足りないもの。

それは「書き手の本音」です。要するに、

「で、あなたはどう思うの？」です。

新発売のカップラーメンが5年の月日を経て開発されたことはわかった。
緑黄色野菜エキスを麺に練り込んでいて身体にいいらしいこともわかった。
価格も200円だということもわかったよ。

で、あなたは食べてみてどうだったの？

ここが大事なんですよ！
読者が読みたいのは、本の「あらすじ」ではなく本を読んだ「感想」なんです。
同じ本を読んでも、人が抱く感想はそれぞれですよね。
それを知りたいはずなんです。

ちゃんと自分の言葉で、自分の本音が綴られている文章は、「誰にでも書ける文章」ではありません。

そして、「この人の解釈、好きだなぁ」とか、「この人の考えかたはいいなぁ」と思ってもらえたら、文章を通じてファンがつくようになります。

もちろん広告のように、売らなくてはいけない商品がある場合もあります。「このカップラーメンは、これまでに食べたことがないほどおいしいです！」と、ちょっぴりの誇張や嘘を混ぜて書かなきゃいけないかもしれません。

でもその場合も、ぶっちゃけた話、「このカップラーメンは緑黄色野菜の香りが若干キツいので、野菜嫌いの自分としてはお世辞にも〝食べやすい〟とは思えなかった。でもカロリーも低く罪悪感もないので、夜食用にストックしてみた」のほうが説得力があると思うんです。

なぜなら、それがかぎりなくその人の本音だから。

最近はＳＥＯライティングの在りかたもだいぶ見直されて、「読者の問題を解決する内容か」という点を検索エンジンが評価しはじめました。

そのおかげか、機械的な文章はだいぶ減ってきたとは思います。

今後、こういう文章はどんどん読まれなくなっていくでしょう。

だからこそ、「それっぽい文章」から抜け出して「本音」をぶちまけてみて。

綺麗事なんて必要ないし、頑張って美しい文章を書こうとしなくていい。

嘘偽りない言葉と感情が、あなたという存在をしっかり伝えてくれるのです。

まとめ
matome

自分の言葉で本音を綴れば「誰でも書ける文章」ではなくなる。遠慮せずにすべてぶっちゃけてみよう。

どんなに「ヘタクソ」でも結局は書いたもん勝ち

よく「文章に自信がないから、下書きを添削してほしい」とメッセージをもらったりします。

でも実際に読んでみると、ちょっとした文法的な間違いはあれど、そこには本人が自ら筆をとり、懸命に言葉を選んだ「跡」があって、それはそれでひとつの「味」だなぁと思ってしまうことが多いのです。だから、

たとえ「ヘタクソ」でも、公開しちゃえ。

先日も友人から「うまくまとまらない！」と下書きが送られてきましたが、その人なりに苦悩しながら書かれた文章は胸に響くものがありました。なので「これで公開しちゃえばいいじゃない！」と戻したら、後日、最高の締め文とともに公開され、本当にたくさんの人に読まれていました。

そのままのあなたでいいんです。

この章では「伝わる」文章のコツについてお伝えしましたが、別に個人的な文章であれば、「まとまらなくてもヘタクソでもよくないかい？」というのがわたしの持論であり結論です。

わたしは帰り道に文章を書くことが多いので、飲み会後に酔っ払ってフラフラ帰りながら書いた文章なんかを朝に見返すと、「なにを言いたいのか全然わかんない！」と思わず笑ってしまうことが多々あります。

そんな文章も含め、「日記みたいになると思うけど、とりあえず書くね！」と言い訳しながら、よくわからない文章をたくさん公開してきました。支離滅裂だったり、タイトルと関係ないことが書いてあったり、あっちこっちに脱線したり。

でも、そんな文章にも「わかる」「頑張れ」「グッときた」と言ってもらえることもあるんです。なぜならわたしは、そんな文章でも、

「ちゃんと世の中に公開した」側の人間だから。

誰かに読んでもらいたいのなら、その「側」に行かなくてははじまりません。だから、ヘタクソでも躊躇する必要はまったくないのです。

余談ですが、わたしの好きなアイドルは取材記事などに使われる自分の写真

を自分でチェックせず、すべてマネージャーに任せているそうです。

何度も言いますが、自分で自分の良し悪しを評価することほど、意味のないことはないんです。

だから、とりあえず書いたら臆せずに発表してしまいましょう。

出していくうちに「度胸」がついてきて、書いたものが積み重なっていけば、勝手に「自信」がついてきます。

それに不思議なもので、ネット上で読まれている文章は必ずしも「うまい」文章ではありません。有名なものだと「保育園落ちた日本死ね！！！」という匿名ブログがありました。

あの文章も、果たしてうまいかと言われれば、そういうモノサシで測るものではないですよね。

ただ、「保育園に落ちてしまったこと」「これからどう仕事を続けていけばいいのかわからないこと」「少子化を食い止めたいと言いつつ、国からのサポートがまったく追いついていないこと」などへの不安や憤りは痛いほど伝わってきます。つまり、

文章はどうであれ、伝わった。

これはとても重要なことです。

誰かの役に立とうとか、うまい文章を書こうとか、そんなつもりもなく、とにかく怒りを吐き散らしたことが、こんなにも日本国内を騒がせました。

そう考えると、「うまい」文章だから伝わる、読まれる、広がる、という話ではないことがわかります。

ちょっとマッチョなことを言ってしまえば、

「書くか、書かないか、ただそれだけ」だと思う。

書けば誰かの目に留まってなにかがはじまるかもしれない。

でも書かなければ、すべてはあなたのみぞ知ること。

伝えたいことがあるのなら、筆をとる。

たとえうまくなくてもヘタクソでも、世に公開する。

それだけで、世界は大きく変わらなくても、あなたの人生はちょっとだけ変わるかもしれません。

まとめ
matome

「うまい」文章だけが、読まれる文章ではない。

ヘタな文章でも、「世に公開すること」に意味がある。

第 5 章

読まれると
もっと好きになる

The excitement when more people
read your message

文章の顔はイケメンよりも「三枚目」くらいがいい

ネタが見つかり、文章を書くのが楽しくなってきたら、よりたくさんの人に読んでもらいたいと思うものです。

「読んでもらうこと」を第一優先にする必要はないと思いますが、読んでもらえた充実感は「書く習慣」をさらに定着させるモチベーションになります。

そこで第5章では、より多くの人に読んでもらえる文章のポイントについてお伝えしていきます。

まず、誰かに自分の文章を読んでもらうきっかけとして、記事やブログであれば、やっぱり大事なのが「タイトル」です。

みなさんも、本屋さんで平積みされた数多くの本のなかから気になった1冊を手に取るときの基準は、表紙に大きく印刷された「タイトル」ではないでしょうか。

Ｗｅｂ記事を読んでいて、下のほうに出てくる関連記事を読むか読まないかの判断も「タイトル」次第だったりしますよね。

いわば「タイトル」は文章の顔です。

だからこそ、記事の執筆は外部のライターに任せているメディアであっても、タイトルだけはメディアを運営する編集部が付ける場合も多いのです。

それぐらい重要で、一番時間をかけてこだわるべきポイントです。

とはいえ、いきなりパーフェクトなタイトルをポンと出すのは至難の技。

わたしも、まずは適当なタイトルをつけてから文章を書きはじめ、最後に全体を見てからあらためて付け直すことが多いです。

読んでもらえるタイトル付けのポイントは、「より具体的にしてみる」こと。

そのうえでわたしが意識しているのは、

「パワーワード」と「主観」を入れることです。

たとえば「花火大会に行きました」というタイトルより、「花火を観るたびに思い出す、僕のヘンな元カノの話」のほうが読みたくなりませんか。

他人が花火大会に行った話に、興味を示す人は少ないでしょう。

でもそこに、「ヘンな元カノ」という言葉があれば、「それってどんな元カノなんだろう……」と思わせることができます。

「ヘンな元カノ」というパワーワードが読者を惹(ひ)きつけるフックとなるのです。

ただのイケメンよりもちょっとクセのある三枚目俳優のほうが印象に残るよ

うに、タイトルにもクセがあると思わず目を留めてしまうものです。

また、タイトルには主観を入れるのも重要なポイントです。

たとえば、本の感想などを書いた文章の場合、「〇〇を読んで」というタイトルだと、その本を知っていたり、気になっていたりする特定の人にしか刺さらない可能性があります。

一方で、「世界は思い込みでできているのかもしれない。～〇〇を読んで～」と、主観を最初に持ってきたうえで本に言及するとどうでしょう？

本の内容には興味がない人も、「世界が思い込みでできているって、どういうこと？」と、主観の部分に興味を持ち、文章に入ってきてくれます。

これはノウハウを伝える文章の場合も同じです。

「誰でも作れるのにめちゃくちゃおいしいカレーの作りかた」

「寝る前に襲いかかって来るネガティブ思考から抜け出す方法」

こんなふうに、自分の主観を入れて具体的にすることで、グッと惹きつける力が強くなります。

全部を総括して簡潔に説明するよりも、具体的な内容をパワーワードと主観を混じえてチラ見せすることで、中身を開いて読みたくなるんです。

あなたが大事に書いた文章だから、勢いに任せて適当に名前を付けるのではなく、思わず読みたくなるような最高のタイトルを付けてあげましょう！

まとめ

matome

「パワーワード」と「主観」を入れたタイトルは、多くの人を惹きつける入り口となる。

「1%の体験」は100%の評論に勝る

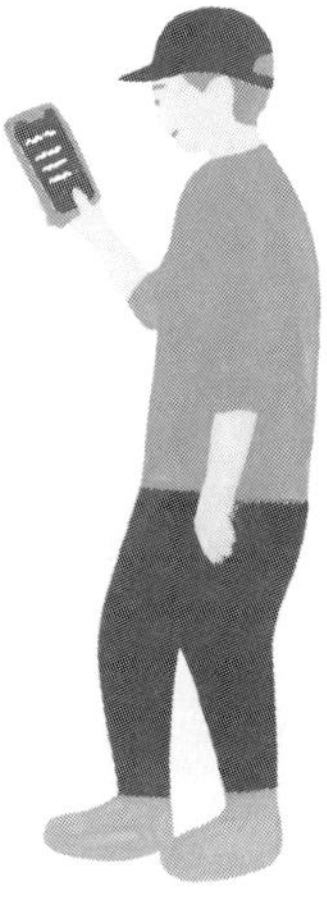

みなさんは、なにか新しいものを買うときに、どのような決め手で購入を決断していますか？

慎重派なわたしは、なにを買うにしてもまず「口コミ」や「レビュー」の内容を見ます。

人によって感じかたはそれぞれ違うとはいえ、あまり良くないことが書かれている商品は買うのをためらいます。

そして反対にいいことが書かれているものは、それが偽物（要するにサクラ）でないことを確かめてから買うようにしています。

今のご時世、お金を払って嘘のレビューを書かせたりする企業もありますからね！

つまり良いものにせよ、悪いものにせよ、結局わたしたちが商品を買うときになにが知りたいかというと、「実際に使用してみた感想」なのです。

だからこそ、

「実体験」が入っている文章は読まれます。

情報がどんなに詳しく書かれていようが、そのすべてが本やネットでリサーチできる内容であれば、読者は別にその文章を読まなくても自力で調べて情報を得ることができますよね。

一方で、「実体験」はその人が持っている唯一無二のもの。

誰の体験にも代え難い貴重な宝物なのです。

たとえば、営業について書かれた2冊の本があるとします。

ひとつは、現役の営業マンが自分なりに培ってきたコミュニケーションの取りかたを実体験に基づいて書いた本。

もう一方は、営業は経験したことがないけど、どこぞのコンサルタントが「こうすればうまくいくんじゃないか」と、机上の空論で述べた本。

説得力があると感じるのは、当然ながら前者ですよね。

実際に経験したことのないことを、あたかも経験したかのように書くと、ものすごく内容の薄い文章になります。

ふわっとしていて具体性がなく、面白くないのです。

商品レビューによくある、「まだ使ってないけれど、とても良さそうなので星5です！」というレビュー並みに読む気になりません。

フリーランスとして働くわたしも、独立するまでに準備したことや、苦労したこと、やっておいてほしいことなどを、これまでに記事で発信したり、講演してきたりしたところ、「フリーランスのリアルがよくわかるので、自分がフリーランスになったときの生活が想像しやすくなりました」という声を多数いただきました。

当時は、フリーランスはこの世にごまんといて、いろんな意見が溢れているので、「わたしの話なんて参考になるのかな?」と思いながら発信していました。

でも、自分が体験してきたことは、自分だけのもの。

まったく同じ体験をしている人はいないからこそ、価値のあるものとして捉えてもらえたのです。

「実体験」をそのまま文章にするのが難しいという人は、内容に大きく影響しない範囲で、固有名詞をボカしたり、起こった時期をズラしてみたりしてもいいと思います。

経験したのかどうかよくわからないことをいい感じに書くよりは、カッコ悪くてもいいから実際にあった事実をありのままに書く。

誰もがあなたの「実体験」を、読みたいのです。

まとめ
matome

「実体験」が入っている文章は価値がある。
自分の体験をありのままに書いてみよう。

「まるで自分に言われてるみたい」と思わせる秘密の言葉

「今日は○○があって悲しかった」

「今日は○○があって悲しかったから、あなたは気をつけてね」

この2つの文章、言っていることはほとんど同じなのに、読んだときの印象が少し違うように思いませんか？

ひとつめは、ひとりごと。もうひとつはこちらに話しかけていますよね。

付け加えられた「あなたは気をつけてね」こそ、「ただの日記」を「シェアされる日記」に昇華させる秘密の言葉です。

わたしがこの言葉を付け加えたことでねらったのは、

文章の「自分ごと化」です。

人がなにかをシェアしたくなる欲求を紐解いてみると、「自分もそうだった、わかる」という「共感」と、「これは勉強になるなぁ」という「学び」の存在が重要だとわかります。

要するに、他人ごととして読むのではなく、自分に重ね合わせて読んでもらえるように、ひと手間を加えてあげればいいのです。

「まるで自分のことのようだな」
「わたしに言われているみたいだな」
「これは自分にとって必要な情報だな」

読んだ人にそう思ってもらえれば、自然と文章はシェアされていきます。

たとえば、わたしの日記のタイトルを並べてみると……


「あなたの文章が、寝ていても勝手に働いてくれる」

「友だちが少ない？　少なくていいじゃん！」

「好きなことはみんな違うから、好きなことをしてもきっと大丈夫」

「誰かといるのに寂しいあなたへ」

「自信がないあなたへ何度でも言う、『あなたはすごい』」


実際には個人的な主張を綴った日記でありながらも、どこか「学び」や「発見」があると感じてもらえるよう、意識しています。

なおかつ、「あなた」「みんな」と、

誰かに話しかけるようなタイトル

になっているかと思います。
加えて、本文でも「自分ごと化」してもらう必要があります。
そのための書きかたのポイントを挙げるとしたら、次のとおりです。

①ベースとなる出来事について書く
②その出来事を受けた自分の「学び」「変化」を書く
③語りかけてみる（「～と思いませんか？」「～と感じますよね？」）
④主語を「わたしたち」に変えてみる
⑤最後に「あなたはどう思う？」と議論の余地を与えてみる

よくあるのが、「出来事について書いた」だけでおわってしまっている文章。

第2章で紹介した自分用の日記ならいいけど、「フーン、そっか」としか感想が出てこないような文章はシェアされにくいのです。

自分の文章を読んでもらいたいと思うなら、それでおわってしまうのは少々ものたりないと思います。

「フーン、そっか。わたしだったら〜」と、自分と重ねて考えてもらえるようなタイトルや文章を意識して書いてみると、あなたの体験や感想も読まれやすくなるはずです！

まとめ
matome

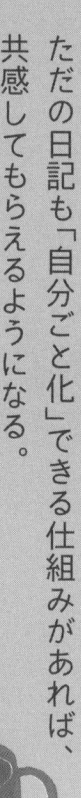

ただの日記も「自分ごと化」できる仕組みがあれば、共感してもらえるようになる。

誰かの「日課」にしてもらう

以前、とある読者さんに「毎朝ゆぴさんの日記を読むのが日課です」と言われたことがあります。

わたしは日記を「帰り道に書く」と決めているので、更新時間は大体20〜22時くらいになるのですが、一般的な生活サイクルの人や夜型の人はその時間帯に、朝型の人は目覚めてから読んでくれているようです。

なお、昼に更新したことはほとんどありません。

日中はドタバタしすぎて、それどころじゃないからです……。

なにが言いたいかというと、定期的に足を運んでもらうためには、

「誰かの日課になる」ことが大事。

毎週金曜日にYouTube動画を投稿している友人がいますが、「毎週末が楽しみです！」「〇〇さんの動画を観ると、『もう金曜日かぁ』と思います」というコメントがよくついているのを見ます。

なんとなくでもいいので毎回同じ時間帯や曜日に投稿すれば、誰かの日常に溶け込める可能性があるのです。

個人的には、反応がいいのはやっぱり夜が多いような気がします。

わたしが書いている文章は、ビジネスを成功させるコツやスキルのように必ずしも有益で、役に立つものではありません。

それよりも、その日にあった小さな発見や苦労などをそのまま書いています。

読んだときに、「こんな人もいるんだな」「この感情、わかるな」と思ってもらえたらそれでいい、それくらいの気持ちで書いた文章です。

そんな、ちょっとした時間にダラダラと読みたい文章は、帰りの電車や夕食後の自由時間、寝る直前のベッドのなかなど、やることをおえてリラックスしている時間に読みたくなるのかもしれません。

夜に投稿したものは、朝になってからもう一度シェアすれば、朝型の読者もしっかり囲い込めます。

自分の文章を読みたくなるシチュエーションを想像して、毎回そのタイミングで投稿するようにしてみましょう。

まとめ
matome

なんとなくでも更新する時間を決めて、誰かの日課にしてもらおう。

有益なこととは「知らないこと」である

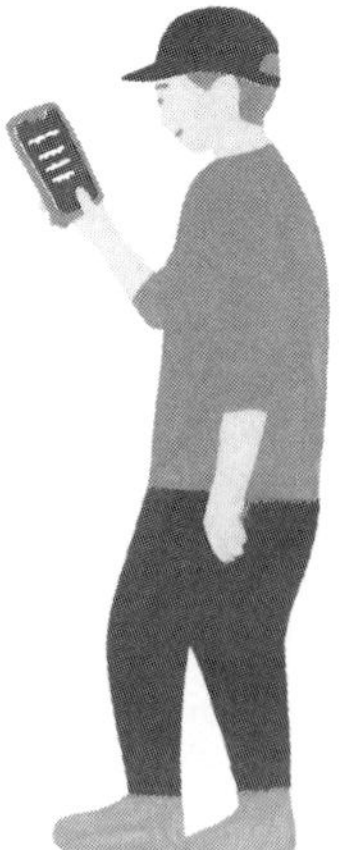

会社員時代、「発信」についての登壇依頼をいただいたことがあります。当時は確固たる考えもなく、ただの会社員だったので、普段何気なくやっていることをとりあえず言語化して自信なさそうに発表しました。自信がなさすぎて、講演タイトルを『ゆぴの無益セミナー』にしたほどです。でもおわってみると、意外にも「めちゃくちゃ有益だった！」という感想をたくさんいただけたのです。

このとき、「有益」かどうかは自分で判断することではなく、受け取り手が決めることなのだと実感しました。

以前いただいた相談のなかにも、「自分が書いていることが誰かのためになるかどうかわからない」という声がありましたが、それは自分で判断して決めることじゃないんです。

裏を返せば、どんな文章でも、自分の知らないところで「有益」だと感じてもらえたり、「タメになった」と思ってもらえたりする可能性を秘めているということ。

わたしもこの本を書きながら「これは果たしてタメになるんだろうか……？」と悩むこともありましたが、「とりあえず書いて、出してみてから決めよう」と、筆をとりました。

要するに読み手は、自分が知らない新しい発見に対しては「有益」だと感じるし、すでに知っているものに対しては「無益」だと感じるのです。だから、

あなたしか知らないことを書こう。

あなたが無意識のうちにやっている、自分では無益に感じられるその行為が、体験したことのない誰かにとっては「有益」になるんです。

大切なのは、「こんなの無益だ！」と自分で決めつけてしまっておくのではなく、思い切って出してみること。

それだけのシンプルなことで、「自分は無益だ」と信じ込んでいる人も、有益な人になれるんです。

まとめ
matome

「有益か無益か」は自分で決めるものではない。
「新しい発見」を与えられたら、それは「有益」。

過去の自分に向けて書くと、「未来の誰か」が救われる

「あのときああしていれば良かった」

「こんな情報があれば結果は違ったかもしれないのに！」

じつはこんな後悔こそが、読まれる記事の「種」になったりします。

みなさんにも、「当時はわからなかったけれど、今だったらわかること」はたくさんあると思います。

時間を持て余していた「学生時代の尊さ」は社会人になってからじゃないと実感できませんし、「人を見る目」は人に裏切られないと養われませんよね。

自分の失敗は取り戻せませんし、時間も巻き戻すことはできません。でも、

あなたの体験で、誰かの未来は救えるかも。

世にあるほとんどの本は、「失敗体験」からの「成功体験」が綴られています。読者に過去の自分を重ねて「こんなふうになるなよ」と伝えているのです。願わくば、その人が同じような失敗をしないように、自分の知識や体験を早めに知っておいてほしいと、共有してくれているのです。

このように、「過去のなにも知らない自分」に向けた文章は、具体的なエピソードや溢れんばかりの後悔、そして失敗を未然に防ぐためのノウハウが詰まった、「親切な文章」になり、価値を持つのです。

「やりたいことがあるなら、経済的に落ち着くのを待つより早いうちがいい」

という記事を書いたことがあるのですが、これは自分自身が大学時代、夢を叶えるのをあとまわしにして就職を選んだ後悔がもとになっています。「胸に刺さる」「一番若いのは今なのだと信じようと思いました」と多数コメントをいただき、少しでも誰かの未来を救えたのかなと、嬉しくなりました。

人の悩みの種類はたかが知れています。

過去のあなたと同じ悩みを抱えている人は、必ずいます。

届けたい人が思い当たらないなら、まずは過去の自分に向けて書いてみて。

その文章は、過去の自分のように悩む人に、きっと届くはず。

まとめ
matome

過去の自分に向けると、似た境遇の人に読まれる。
「ああすれば良かった」後悔は、未来の誰かを救う。

「あのクソ野郎」に共感が集まる!?

もし失恋をしてしまったら、綺麗事にせず、正直に「あのクソ野郎」と書いたほうが共感を呼ぶものになります。

それは、読まれる文章と、そうでない文章の違いは、

いかに「本音を晒せるか」。

これがすべてだといっても過言ではないからです。

たとえば、長年付き合っていた彼氏に振られてしまったとしましょう。

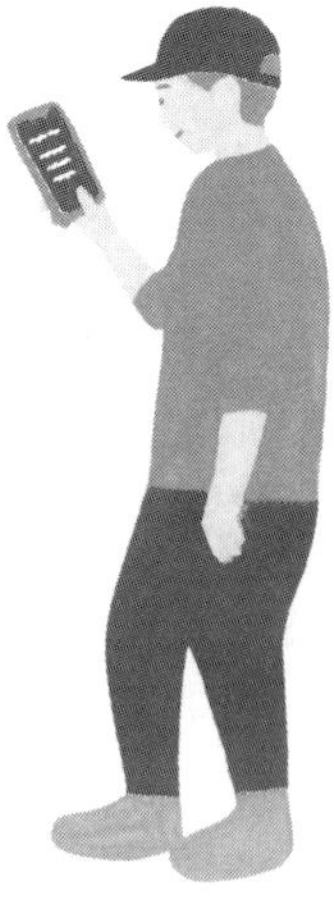

そんなとき、その思いを文章にするとしたら、知人に読まれることを想定して、「いろいろあったけど、あなたのおかげでわたしは成長できたよ。ありがとう」なんて、思ってもないことを書いてしまいやしませんか。

なんとなく、「振られたことを引きずっていないイイ女」を気取ってしまうんですね。

だって、振られるってあまりいいことではないですし、むしろその人とうまく人間関係を築けなかったことの証明のようにも感じて、ちょっとカッコ悪いと思ってしまうから。

失恋にかぎらず、仕事の失敗や人間関係のトラブルなど、失敗を失敗と認めたくないがために、つい綺麗事にしてしまうことってありますよね。

でも本当は、そんな綺麗事で片付けられないことっていっぱいあります。

「あんなに好きって言ってたのに！　嘘吐き！」みたいな、ドロドロとした私利私欲に塗(まみ)れた汚い思いとか、理屈ではわかっていてもやりきれない感情とか、とてもじゃないけど抑えることのできない言葉があるはずです。

恋愛にかぎらず、世の中には不条理なことがたくさんあります。

「やりきった！」と思った仕事が全然評価されなかったり、自分は悪くないのに理不尽なことで怒られたり。

でも、わたしたちは大人だから、本音を隠した冷静な対応を求められてしまいます。

どんなにはらわたが煮えくり返っていても、なんとか自分を落ち着かせて、平穏な毎日を取り戻すためになんでもないように振る舞います。

……でも、正直に言っちゃっていいんじゃないでしょうか。

このクソ野郎が!!!!

って（笑）。

「4年も付き合っていたのに女子大生にホイホイ釣られてわたしを手放すなんて、マジ見る目ないわ！　一生呪う！！」

くらい書いてしまったほうが、読んでいる人の心にも「それはないわ〜」と共感の嵐が巻き起こるでしょう。

わたしが個人的に読んでいる、とある友人の日記があります。

その日記のなにが面白いかというと、文章はめちゃくちゃなんですが、嘘偽りのない本音が書かれていることです。

しんどいときにはちゃんと「しんどい！」と叫んでいるし、いきなり「わたしは仕事ができません！」という書き出しからはじまる日記もある。

ものすごく正直なんです。正直すぎてヒヤヒヤするぐらいです。
悲しみも喜びもダイレクトに伝わってくるので、いつもエールを贈るような気持ちで「いいね」を押しています。

飾らない本音だから、面白いんです。
本音だから、読まれるんです。
むしろそこを除いたら、あなたの存在が文章から消えてしまいます。

まとめ
matome

本音を晒すほどリアルでオリジナルな文章になる。
読まれたいのなら本音をぶちまけてみよう。

惹きつけたいなら、「調和」を乱そう

「日本人は自分の意見を持っていない」なんてよく言われますが、これにはちょっと語弊があるのではと思っています。

正しくは、「公の場では自分の意見を持っていないように見える」だけ。

信頼している人に対してはズバズバと意見を言っていたり、あるいは誰にも言わないけれど自分のなかに秘めた熱い思いがあったりするものです。

でも、そんな秘めたる思いを公にできないのが、日本人というもの。

たしかに「みんなと同じだよ」「そのとおりだと思う」という言葉は、調和を乱したくないグループのなかでは有効です。

ですが、「いい子ちゃん」な文章は、良くも悪くも読まれません。

以前、芥川賞を受賞した遠野遥さんの『破局』という小説を読んで、「おなかを抱えて笑った」という記事を書いたことがあります。

各方面で絶賛されている作品ですが、描写がいちいちシュールすぎて、わたしはそこが面白く感じたのです。

芥川賞受賞作品に「おなかを抱えて笑った」なんて感想を書くのはちょっと失礼かもしれませんが、それがわたしの100%混じりけのない本音でした。

結果として、その感想を読んで本を買ったという人もいましたし、著者ご本人からも「いいね」をいただきました(なんのいいねかはわからないけど！笑)。

絶賛されていた新海誠さんの『天気の子』も、「主人公めちゃくちゃ自己中だな！」と思ってそのまま感想を書いたこともあります(むしろそれこそが、新海さんのねらっていたことだったのですが……！)。

オブラートに包まず書いた文章のほうが、むしろ読まれています。だから、

「右にならえ」なんてしなくていいんです。

「いい子な文章」は嫌われはしないけど、誰かに好かれることもありません。
「なんだか変な感想を抱いちゃったな」と思っても、それがあなたの感性なのだから、そのまま書いてしまいましょう。
紙の上でくらい感情をオブラートに包まなくていいんじゃないかと思います。

まとめ
matome

まわりの意見に迎合するより、
オブラートに包まない意見のほうが読まれやすい。

「言葉の刃」で誰かを傷つけないために

「オブラートに包まなくていい」とは言っても、意図的に言葉で誰かを傷つけるのはまた別の話です。

みなさんもお気づきのとおり、言葉はなによりも鋭い刃となります。言葉だけで人を追い詰めることもあるし、一生心に残りつづける傷になることもあります。最近では、SNSでのコメントに心を痛め、自ら死を選んだタレントさんの事件も話題になりました。

名指しでひとりを目掛けてグサグサと刃を刺すのは「やさしいインターネット」とはちょっと違うんじゃないかな、と思うのです。

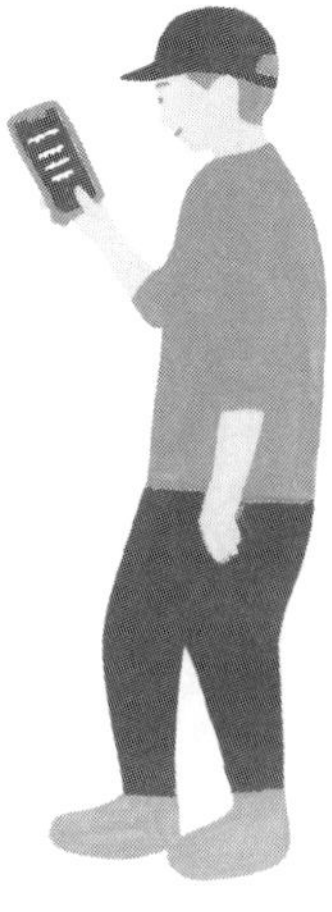

世界をより良くするために生まれたインターネットによって誰かが傷つき、争いが起こるのは、もはや人類の退化なのでは……。

とはいえ、人はときに無自覚なままに他人を傷つけてしまうものです。気をつけていても、ふとした発信が誰かにとっては刃になることもあります。そんな悪意なき加害者にならないためにも、他人を刺すのではなく、

自分で自分に釘を刺しましょう。

わたしの文章が、ありがたいことにたくさんの人に読まれても、否定的なコメントがなかったり、炎上したりすることがないのは、じつは言葉選びにかなり気を遣っているからです。

不特定多数に向けて文章を書くときは、次の判断基準を大切にしています。

「相手を目の前にしても直接言えるか？」
「その人の人格を否定していないか？」
「わざわざ発信する必要があるか？」

たとえば、めちゃくちゃつまらない漫画があったとして、作家本人に向かって「これ、つまらないね」とリプライを飛ばすのは、「表現の自由」ではなく、ただの誹謗中傷ですよね。

こんなとき、わたしはある予防線をよく使います。それは、

「個人的には」という言葉。

本人に直接的に伝えるのでもなく、人格を否定するのでもなく、「個人的に」

思うのは、もちろん自由だと思うからです。

「誰も傷つかないような発信だけをしろ」とは言いません。

細心の注意を払っていても、うっかり炎上してしまうのが今の世の中。「パンがおいしい」とつぶやくと、「小麦アレルギーの子の気持ちを考えたことがありますか⁉」と言われてしまうように、わたしたちは全人類が「いいね」と思えるものなんて書けるはずはありません。

なぜなら、価値観はみんなバラバラだから。

だからこそ、「細心の注意をする」のもまた、文章を書くうえでの基本だと考えています。

書きおわったら、はじめから読み返してみて、「本当にこれで大丈夫かな？」と一歩引いて見てみる。これだけで、言葉選びが上手になっていきます。

なお、意図的に誰かを傷つけるのはよろしくないとは言いましたが、言いたいことも言えないような世の中じゃポイズンだから、個人的な意見はすべて尊重されるものであってほしいとは思っています。

理不尽な仕打ちにちゃんと声を挙げられるのはインターネットのいいところでもあるし、意図的に刃を向けたいときもあるでしょう。

それとはちゃんと線引きをしつつ、文章は刃にもなると自覚して、どうか細心の注意を払って書いてほしいなと思います。

まとめ

matome

文章で意図的に誰かを傷つけてはいけない。全人類の納得は難しいが、言葉選びに細心の注意を。

反応がなくても、みんな「ひっそり読んでいる」よ

自分の書いた文章に反応がなくても、落ち込む必要はありません。

友人と会うと、必ずと言っていいほど「そういえばあの記事、読んだよ！」という話になりますが、わたし自身もそこで初めて「読んでくれていたんだ！」と知ることもあります。

書き手が確実に「読まれた」というのを知る方法は、記事のＰＶや、記事を紹介したＳＮＳ投稿についた「いいね」の数か、記事へのコメントのみ。

自分の文章が読まれているという実感って、意外と少ないんです。

でも、実際は「いいね」を押さずに読んでいる人が大多数を占めています。「いや、そこは押してくれよ！」とは思いますが、実際にわたしも内容に集中しすぎて押し忘れることが多々あります（ごめんなさい！）。

みなさんも、記事やブログを夢中になって読んだ結果、読後の余韻の心地よさや充実感から、つい「いいね」を押し忘れてしまったということも、ありますよね。

プライベート感が満載なブログは、あえてひっそりと読むこともあります。SNSだって、目に入ったものすべてに「いいね」を押すわけじゃないですよね。読んでいることを本人に知られたくないときもありますから。

「いい文章だなぁ」と思っても「いいね」を押さない場合もあるし、あえて相手に報告しないこともあります。

つまり書いた文章へのリアクションが少なかったとしても、

みんな、ひっそりと読んでくれています。

「いいね」によって評価が可視化された今、まるで「いいね」の数がすべての指標のように感じられてしまいます。

でも実際は、それ以上に多くの人があなたの文章を読んでくれているのです。

そして、あなたの文章を読んだ人は、「この人、こんなことを思っていたんだ」と驚いたり、「大丈夫かな」と心配したりと、なにかしらの感想を抱いてくれているはずです。

数としては見えなくても、それは決してゼロじゃない。

「誰かしらに届いているかも」と思えたら、書くことに対してちょっとポジティブな気持ちになれませんか？

だから、「いいね」の数にあまりこだわらないでほしいんです。

書きはじめたときは、誰にも読んでもらえないかもしれないし、「いいね」などのリアクションの数も少ないかもしれません。

でも、「いいね」を押さなかっただけで、本当はその100倍ぐらいの人が読んでいるかもしれない。

それぐらいの気持ちで、文章を書くのがいいと思います。

ひっそり読むタイプの人は、必ずいます。

そう、わたしを含めて。

まとめ
matome

「いいね」にこだわるとモチベーションが下がる。
「読んでいる人は確実にいる」と信じてみよう。

第 6 章

「書く」ことが与えてくれるもの

What you can gain from writing

あなたの文章が「良き相談相手」になってくれる

文章を書きつづけるなかで、「あれ、どうして自分は文章を書いているんだっけ？」と、ふと立ち止まってしまうこともあるかもしれません。

そんなときに、あなたの背中を押せるように、最後の章では「書く」がなにをもたらしてくれるのか、そしてわたし自身がこれまでどのように「書く」に救われてきたのかを、あらためて振り返っていきます。

少し個人的な内容になりますが、なにかのお役に立てたら嬉しいです。

生きているなかで、「なんだかよくわからないけどモヤモヤする」ということがあると思います。

少なくともわたしにはあるので、そういうことにして話を進めますね！

こういうときは大抵、誰かに話すことでスッキリして解決したりするのですが、なかには話せない内容だったり、うまく話せないこともありますよね。

そんなとき、「書く」ことはあなたのモヤモヤに一緒に寄り添ってくれます。

とりあえず思いつくままに自分が考えていることをつらつらと文字にしていると、目が文字を捉えて、少しずつ思考が整理されていく。

そして、書いているうちに気がつけばどこかへ着地して、「ああ、こんなことで悩んでいたんだな」と、

モヤモヤの正体を自分で突き止められます。

テレビのライターやディレクター、映画やドキュメンタリーの監督など、幅広くアーティスト活動をされているジュリア・キャメロンさんの『ずっとやりたかったことを、やりなさい。』という本があります。

その本のなかで、「モーニングページ」というワークが紹介されていました。毎朝30分、心に浮かんでくるものを、とにかくなんでもいいからノート3ページ分に書きとめるワークです。

これは、脳のなかを掃除して、創造性を高めることが目的とされています。

わたしはこれを応用して、ベッドに入ってから眠れないとき、「なにか考えていることがあるのかな?」と、一度起き上がってノートを広げ、思いつくままに言葉を書き出すようにしています。

心のなかにあるモヤモヤを紙に吐き出すようにワーッと書いてみると、不思議と頭がスッキリとクリアになって、よく眠れるんです。

脳の容量はかぎられていて、一度に考えられる物事の数も決まっています。

自分の思いや考えを誰かに話すことで思考が整理されるとはいいますが、「書く」ことで、自分ひとりでも整理をすることができるのです。

それは文章じゃなくても、箇条書きでも単語などでもかまいません。

心がモヤモヤとしたときは、とにかく書き出して、こんがらがった思考をひとつひとつ解いてあげてください。

まとめ
matome

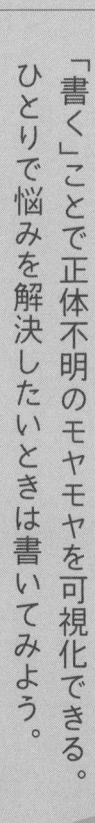

「書く」ことで正体不明のモヤモヤを可視化できる。
ひとりで悩みを解決したいときは書いてみよう。

文章のなかに「知らない自分」が見えてくる

その日の出来事や自分が感じたことを毎日のように言語化していると、自分の思考パターンや、「自分」という人間が見えてきます。

長いあいだ、わたしは自分のことを「ポジティブ」だと思っていました。

でも、今までに書いてきた文章を見てみると、「どの出来事もすべて悪い方向に捉えてネガティブ転換する」という傾向が見えて、ものすごくネガティブ人間であることが発覚しました。

嘘みたいな本当の話ですが、それくらい、

人は自分のことを客観視できていません。

心理学者のジョセフ・ルフトとハリー・インガムによって考案された、自分と他人の認識のズレを理解するための「ジョハリの窓」というフレームワークがあります。

ここでは、自分自身の特性を次の4つに分類しています。

①自分も他人も知っている性質（開放）
②自分は気づいていないが他人は知っている性質（盲点）
③他人は気づいていないが自分は知っている性質（秘密）
④自分も他人も気づいていない性質（未知）

これによると、基本的に自分で解明できるのは①と③です。

ですが、自分が感じたことを毎日のように記録していると、①と③がより深まるうえ、さらには④までもなんとなく見えるようになってくるのです。

「自分」という人間は、自分が一番よく知っているように思いますが、じつはそうでもなく、

文章を俯瞰してはじめて、本当の自分が見えてくる。

そういうこともあるのです。

今は「ストレングスファインダー」などによる「自己理解」が流行っています。

それは、他人の正解に振り回されがちなこの世の中では、自分のことがわかってくると自分の生きやすいように環境を整えるのがうまくなって、すごく生きやすくなるから。

どんなことに喜びを感じ、悲しみを感じるのか。

なにが得意で、なにが不得意なのか。

たとえば「人が好き」だとわかれば、営業で力を発揮できるかもしれないし、プライベートで落ち込んだら人に会えば元気になれるとわかります。

自分のことがわかると、無理をすることが減って、心地よい時間を増やせるのです。

特別なツールやサービスを使ったり、海外に自分探しの旅に行ったりしなくても、自分の書いた文章と向き合ってみると、そんなことが見えてきます。

自分の文章のなかに、自分を見つけられる。

そう、「書く」ことは自己理解でもあるのです。

まとめ
matome

自分の思いを言葉にして、俯瞰して見てみる。

すると、知らなかった自分が見えてくる。

「口下手な自分」をちゃんとわかってもらえる

人を目の前にして、自分の正直な気持ちを伝えるのは難しいことです。だからこそ、わたしたちはなにかを伝えたいとき、手紙やメールを書いてきました。

つまり、口下手な人にとって「書く」ことは、自分を知ってもらうためのひとつの手段になります。

わたしも、しゃべるのがあまり得意ではありません。

大人数のパーティーでは、だいたい隅っこのほうでグラスを持って所在なく佇(たたず)んでいます。

言いたいことがあったとしても、波風が少しでも立ちそうなら「言わなくていいや」と、飲み込んでしまいます。

考えていることはあるけど、とくに言わない。

いや、言えない。

「わかってくれる人にわかってもらえればそれでいいや」と思っていました。

でも、本音をあまり言わないがために誤解されてきたこともありました。

それが、文章を書いたことで、

「こんなことを考えていたんだね」

そう言われるようになりました。

仲のいい友だちに、「こんなに明るい人でも、こんな一面があるのだと思うと安心する」と言われたこともあります。

直接伝えたいわけじゃないけど、知っておいてくれると嬉しい。

そんなことが、文章なら届けられるのです。

人を目の前にして気持ちを伝えるのは難しいけど、ひとりで文章を書いているときは正直な気持ちを形にできるはずです。

だからこそ、自然と言葉が出てくるし、緊張せずに自分の言いたいことを文字にして具体化していけます。

なにも気にしなくていい、とても自由な世界です。

今の時代は、SNSやテキストメッセージだけで仕事を遂行できます。

そのため、たとえリアルでのコミュニケーション能力がなかったとしても、テキストコミュニケーション能力さえあれば生きていける時代だとも言われています。

普段は寡黙だけど、文章ではとても饒舌。

それでいいと思います。

口下手でもコミュ障でも、ちゃんとわかってもらえる場所を作るために、書くことが一役買ってくれるのです。

まとめ
matome

会話に自信のない人こそ、書いて思いを伝えてみて。人を前にしたときよりも素直な気持ちになれるから。

世界のどこかにいる「仲間」が見つかる

「いつから文章を書くようになったんですか？」

こう聞かれることが、よくあります。

わたしが本格的に文章を書くようになったのは、中学2年生のときにはじめたブログがきっかけでした。

当時は、父親の転勤によりアメリカに引っ越したばかり。英語も話せず、友だちもできず、「早く日本に帰りたい……」という思いをひとりで募らせていました。

でも、「そんな苦しい日々も書き残しておけば、いつか見返したときに宝物になるかもしれない」と思い、毎日ブログを書くようになりました。

それからは、毎日学校から帰ってきてはブログに向かう日々。

はじめはゼロだった読者もいつの間にか増え、海を越えていろんな人たちとコメントのやり取りをするようになり、夢中になって書きつづけました。

ずっとひとりぼっちで寂しかったけど、書くことで、

世界中に友だちができたんです。

この経験が自分の原点にもなっています。

それまで「仲間」というものは、声を大にしないと集まらないものだと思っていました。

教室でも存在感があって、声が大きくて、明るく元気な人気者。

仲間がいる人って、そんな人。
もしくは、自分を押し込めて誰かに寄り添わないとできないものだと思っていました。でも、文章を書いていれば、

文章が仲間を連れてきてくれる。

文章を公開していると、「わかります！」と共感してくれる人が現れます。
自分の意見に賛同して、応援してくれる人も集まってきます。
もちろん、全然知らない人たちです。

たまたまわたしの文章に出会って、たまたまコメントをしてくれた。
ただそれだけのことかもしれません。
もしかしたらその1度きりの関係かもしれません。

それでも、同じ考えを持っていて「共感してもらえる」のは、ものすごく勇気がもらえることです。

「自分だけかもしれない」と思って打ち明けたことに「わかるよ」と返してもらえると、安心します。

それを活力にして、また文章を書くことができます。

この広い世界のどこかに、「まだ見ぬ仲間」は絶対にいます。

「書く」ことは、その人たちと巡り合わせてくれる力を秘めているのです。

まとめ
matome

書きつづけていると、大声を上げなくても応援してくれたり、共感してくれたりする仲間が見つかる。

文章が「ひとり歩き」して自分を広めてくれる

ある日、疲れて一日中ベッドから起き上がれなかったことがありました。「貴重な一日をなにもしないまま過ごしてしまった……」と、わたしはすごく落ち込んでいました。

ですが、そんな愚痴を友人にこぼしたら、「え、ちゃんと働いてたじゃん」と言われたんです。「どういうこと？」と聞き返すと、彼はこう答えました。

「実際にはあなたは寝ていただけかもしれないけれど、そのあいだにも、あなたが過去に書いた記事やツイートが不特定多数の人に読まれて、勝手に働いてくれているんだよ」と。

これには目から鱗が落ちました。

文章は一度公開してしまえば、削除されるまでネットの海を漂っていきます。積もり積もった文章は、勝手に広がっていって、勝手に消費され、勝手に価値を生み出していくのです。

ということは、なにかの病気になったりしてしばらく動けなくなったとしても、今のうちにたくさん自分の文章をバラまいておけば、

自分の分身として、未来で勝手に働いてくれる。

そんな可能性があります。

一時期、1週間ほどなにも記事を書かなかったときも、昔書いた文章に「い

いね」がついて、「どこかで誰かが読んでくれているんだな」と感じました。

そういえばこの書籍のお話も、1年前に書いた文章を読んだ編集者さんから連絡をいただいたことがはじまりでした。

1年という時を経て、まったく知らない人のもとへ自分の文章が届いて、新しいつながりが生まれたのです。

書いたものがあるかぎり、毎日どこかで誰かがあなたの文章に触れ、あなたの存在を感じてくれているのです。

たとえ今日、あなたがなにもしていなかったとしても。

まとめ
matome

一度公開した文章は、自分の知らないところで勝手に誰かに読まれ、広まっていく。

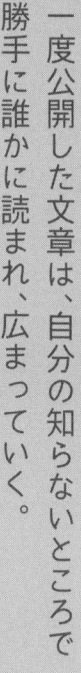

平凡な毎日が言葉で「ラベリング」される

「友だちと遊んだ日」
「スタバで作業をした日」
「サウナに行った日」

誰かに会ったり、なにかしらのイベントがあったりした日には、こうやってわかりやすいラベルを貼ることができます。

でも、自宅に籠もりっぱなしの日常を送っていると、「今日もなにもなかったな……」と、うまくラベルがつけられないときもありますよね。

ヘタをすれば、「家でボーッとしていた日」というラベルだけで1週間をうめることだってできてしまうかもしれません。

でも、そんなつまらないラベルは貼りたくないですよね。

それなら、言葉の力を使って、平凡な毎日をラベリングしましょう。

そのためには、言われて嬉しかったこと、心が動いたこと、触れて素敵だったものを、忘れないようにメモしておかなくちゃいけません。

そうすれば、「家でボーッとしていた日」を、

「コンビニで買ったチョコミントアイスがおいしかった日」に。

「納品した原稿がクライアントからすごく好評だった日」に。

「夜に観た動物のテレビ番組が面白かった日」にできます。

言葉で定義することで、

「なにもなかった日」が「なにかあった日」になる。

いわゆる「エッセイ」も、特別な体験を文章に起こしているわけではなく、日々の生活のなかで見える何気ない世界を書いています。

人生のなかで、そうそうドラマティックな出来事は起きないけれど、言葉で脚色してあげればドラマティックになるんです。

人から見ればたいしたことのない日でも、少なくとも自分にとっては、読み返したときに「そういえば、こんなことがあったな」と思える1日になります。

「書く」には、そんな過去の解釈を変える力があるんです。

まとめ
matome

平凡な1日を言葉でラベリングして、なにもない日を「なにかあった日」に。

未来の自分がそっと取りだせる「希望の手紙」を紡ごう

とある夜ふけ、なんだか眠れなくてTwitterを開いたら、自分が以前書いた記事に対して感想をくれているツイートを見つけました。

1年ほど前に書いた記事で、自分もすっかり内容を忘れていたため、「どんなことを書いたっけ?」と読んでみることにしました。

ぐるぐるしてるなぁ。怒ってるなぁ。泣きじゃくってるなぁ。ちっぽけなことで悩んでるなぁ……。

そんなことを感じていると、ふと、自分が泣いていることに気づきました。恥ずかしながら、かつての自分が書いた文章に心を打たれていたのです。

毎日必死に生きるなかで、「さて、どのくらい歩いてきたかな」と後ろを振り返るタイミングはあまりないと思います。

振り返ったとしても、なにも積み上がっていないことにがっかりして、歩みを止めてしまうかもしれません。

でも、あなたが書いた文章は確実に残り、

人生の軌跡になります。

振り返れば、「こんなに積み上げたんだ」と実感することができて、自分が少しずつ前へ進んでいる手ごたえが確認できるのです。

わたしはこれまでずっと文章を書いてきたとお伝えしましたが、じつは大学に通っていた4年間は、レポート以外の文章は一切書いていませんでした。

キャンパスライフを送るのに精一杯で、ブログを書くこともなくなり、日記を書く習慣も消えたのです。

そのときにやっていたことは、なんとなく朧(おぼろ)げには覚えています。

仲が良かった友だちのことや、サークル活動、バイトでの苦い思い出……。

でも4年もの月日のなかで、なにを思い、どんな行動をしたのか、どんな毎日を過ごしていたのか、一体なにを考えていたのか、細かいことがまったく思い出せないのです……。

楽しくて大切な時間だったはずなのに、一切の記憶がない。

書き残されていないから、なにも振り返ることができない。

だから、自分の考えかたがどれほど成長したかもわからない。

すごくもったいないことをしたと、いまだに後悔しています。

どの作家さんにも「あのときだからこそ書けた」という名作があり、「もう一度あのときの気持ちを思い出して再現する」ということはできません。

文章も同じで、

その瞬間のことは、その瞬間の自分しか書けない。

だからこそ、写真を撮るように今の自分を残しておいてほしいのです。

写真は撮った直後よりも、何年か経ってから見返したときのほうが煌めいて見えますよね。

同じように文章も、しばらく経ってから見返すととても愛しく思えてきます。

イライラしながら書き殴った文章でさえ、「こんなちっぽけなことで悩んでいたなんて、青いな」なんて思えてくるのです。

「初心忘れるべからず」とはよく言いますが、「書く」ことはそんな「初心」を忘れないためにも一役買ってくれます。

そしてどんなに苦い思い出も、いつかは自分のなかできちんと消化できる日が来ます。その日を信じて、書いてほしいのです。

そして、この瞬間に書いた文章は、未来のあなたを支えてくれます。

わたしは今、フリーランスとして働いていますが、たまにフリーランスでいることの目的を見失いそうになると、大好きだった前の会社を退職したときに書いた文章を読み直します。

読んでいるうちに、「自分がどんな思いで辞めたのか」「なにをするためにこの道を選んだのか」など、当時の苦渋の思いが蘇ってきて「頑張ろう！」という気持ちになれるのです。

「もう頑張れない」と未来の自分が立ち止まったとき、

そんな自分に差し出せる手紙を、今書いておく。

「書く」ことで「ここまで歩いてきたんだな」という足跡がしっかり刻まれ、それが未来の自分にとっての大切な「一歩」につながるのです。

まとめ
matome

今を書き残しておけば、
未来の自分が振り返ったときに軌跡が見える。

書くことは「呪い」を解くための「魔法」

わたしは、「永遠の17歳」を名乗って活動しています。

そのきっかけは、中学生のときにまわりの大人を見て「人は年齢を重ねていくとチャレンジがしづらくなっていく」と感じたことでした。

それならば「気持ちがずっと若いままでいれば、物怖じせずに前を向きつづけられるんじゃないか」と思って、「永遠の17歳」を名乗りはじめたのです。

そうして永遠の17歳として発信していると、もちろん「大丈夫?・」と異質な

目を向けられることもあります。

とくに大学生のときは結構からかわれていました。

でも大真面目に「永遠の17歳なんです！」と言っている人は当時まわりにはいなかったので、まぁそんなものだろうなと受け入れてきたのです。

それが、発信をはじめてからは、賛同してくれる人が明らかに増えました。「わかる！」「勇気が出た！」と言ってもらえたり、昔はからかってきた人からも、「一周まわって尊敬している」と言われたりするようになったんです。

マイノリティで異質なものも、ずっと書きつづけていれば、そのうちに、

市民権を得られて支持してもらえる。

そして「書く」ことは、言葉の認識や解釈も変えてくれます。

たとえば、「中卒」「ＡＤＨＤ」「人見知り」など、世間一般的にはマイナスイメージのある特性があります。

「中卒は頭が悪い」
「ＡＤＨＤはコミュニケーションがとれない」
「人見知りはなおさなきゃいけない」

それぞれの言葉にまとわりついたマイナスイメージは、その特性の人たちの心をむしばみ、「だからわたしは会話が苦手なんだ」「自分は劣った人間なんだ」と、コンプレックスを植え付けます。

誰かに言われただけでも心を痛めてしまうもの。

これはまさに、「呪い」です。でも、

その「呪い」を解いてくれるのが、「書く」こと。

「自分、中卒だけどちゃんと仕事できてるじゃん」

「わたしは人見知りだけど、うまく人付き合いできてるじゃん」

自分を素直に文章で表現することで、まわりの勝手なイメージに縛られるのではなく、本当の自分が見えてきます。

それが、自分が自分にかけた呪いを解く「魔法」になるのです。

さらには、その文章を発信することで、

「中卒だからといって頭が悪いわけじゃないんだ」

「ADHDってダメなことじゃないかも」

「人見知りでもいいんだ」

と、世間の人たちにかけられた、

「先入観」という名の「呪い」も解けていきます。

これはどう考えても魔法だと思うのです。

マイノリティでもSNSで広く発信できるようになったこの時代。

最近はそんな魔法使いがいっぱい増えてきて、いろんなことがフラットになってきた気がします。

だから、自分のコンプレックスとかダメなところ、かけられた「呪い」は、自分ひとりで抱えて心の奥に仕舞っておくのではなくて、世の中に出してみましょう。

「呪い」は抱え込んでいるかぎり、永遠に「呪い」のままとなり、自分を苦しめつづけます。

でも、ひとたび取り出して言葉にして伝えていけば、その言葉が「魔法」となって、「呪い」を解いてくれます。
その「魔法」に救われる人だって、たくさんいるはずです。
わたしもそう信じて、今日も魔法をかけつづけようと思います。

まとめ
matome

コンプレックスやマイナスだと思っていることも、発信してみると、自分を肯定できるようになる。

新しい世界への「切符」が手に入る

「書く」ことから、自分も想像していなかった新しいキャリアが開けることもあります。

もともとわたしはライターでもなんでもなく、ブログに日記を書いているだけの、ただの会社員でした。

しかも、そのブログがとくにバズったわけでも、たくさんの読者に読まれたというわけでもありません。

およそ世間一般が認知しているような「ブロガー」や「インフルエンサー」と呼ぶには程遠い存在です。

でも、そのブログをポートフォリオにして面接に持ち込んだことで、実績ゼロでも「ライター」として採用してもらえました。

ライターになるための勉強をしたこともない。

仕事として文章を書いた経験もない。

だけど、「こんな文章が書けます」と伝えられるぐらいの文章を書きつづけていたことが、

わたしのキャリアを開いてくれた。

それ以来、趣味としてやっていた「書く」ことが仕事になりました。

ライターになってからも、取材や原稿執筆に追われるかたわら、わたしは日記を書きつづけていました。

ひとつ600字程度の、本当に短い日記。

最初は誰にも読まれなかった、1円にもならないような日記です。

それが、ぽつりぽつりと読まれるようになり、共感してくれる人がたくさん出てきました。

こうして書籍を出せたのも、営業をせずにお仕事がいただけているのも、

「書く」ことをやめなかったから。

きっと、10年前の自分に今のわたしの仕事を伝えても、絶対に信じてもらえないと思います。

「書く」ことが、想像もつかなかった素敵な未来を連れてきてくれました。

どうしても入りたい企業に対するラブレターをブログに書いたことがきっかけで、採用してもらえたという人。

自分の愛するサービスへの思いを書き、そのまま運営会社に転職した人。

書いた文章が編集者の目に留まり、本を出せるようになった人。

「ライター」や「コラムニスト」など、直接「書く」ことを生業にする仕事にかぎらず、あなたが書いた文章から新しいキャリアが開けるというのは、思っている以上に起こることです。

今やキャリアを切り開くチャンスは正攻法だけではありません。

直接的なアプローチが苦手な人こそ、「書く」ことからキャリアを、そして人生を切り開いていってほしいと思います。

まとめ
matome

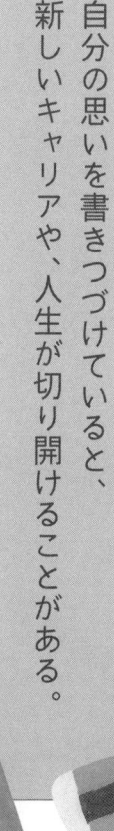

自分の思いを書きつづけていると、新しいキャリアや、人生が切り開けることがある。

おわりに

「書く」ことで変わるもの、変えちゃいけないもの

取材をおえた帰り道。

電車内のドア横のスペースにすっぽりと挟まりながらスマホで書いているのが、この「おわりに」です。

わたしは、「文章を書けること」は普遍的なスキルだと思っています。

みんな当たり前のようにメールやLINEをするし、SNSにも気軽に書

き込んでいますよね。

個人差はあれども、書きかた自体は知っているはずなんです。

だからこの本では、書きかたのノウハウについてはあまり詳しく触れませんでした。

その代わり、何度も繰り返しお伝えしていたのが、「自分の思いを大切にする方法」です。

それは、あなたの体験はあなただけの特別なものだし、人の心を動かすのは人の心だから。

この本のなかには、わたしが個人的に推しているアイドルや、好きな本の話がいたるところで登場します。

それに対して、「そんな個人的な話、知らんがな……」と思うかもしれません。

でも、そういう個人的な感情が詰まっているからこそ、その文章には説得力があるのではないかと信じています。

「自分の思いを大切にしよう！」と口先で唱えるのではなく、「見て！　わたしはこんなにも自分の好きなものや感じたものを大切にしてきたから、今ここに立てているんだよ！」と、全体をとおして証明をするつもりで、たくさんの個人的な思いを詰め込んだのです。

だから読者のみなさんにも、「やりかた」だけにこだわるのではなく、自分の感性を信じてほしい。

感じたものを言葉にして晒していくことで、人生がどんどん開けていきます。即効性はないかもしれないけど、コツコツ続けていけば、絶対に身になっていく。一生役立つ大切なことです。

コロナ禍で緊急事態宣言となり、予定していた取材のお仕事がガクッと減って「どうしようかなぁ」と思ったわたしも、やっぱり筆を手に取りました。

「誰もが『書く』ことを楽しめたなら、外に出ずとも世界を広げていけるようになるかもしれない」

そんな思いでnoteに書いたのが「〝書く〟が好きになる文章マガジン」です。自分が文章に助けられたことや、書くときに大切にしていること、広く届けるための工夫などを、1000字程度にまとめていくつか投稿したもの。

それが、1年の時を経て形となったのがこの本です。

1年前は、まさか自分が本を出すなんて思ってもみませんでした。「書く」ことで、まさにわたしの世界は広がったのです。

出版のお話をいただいた当初は、「もっといい文章を書ける人はたくさんいるのに、わたしなんかでいいんですか……⁉」と恐縮していました。

でも、一般人であるわたしだからこそ、多くの人が「真似してみよう」と思えることを伝えられるのかもしれない。そう思い、引き受けることにしました。

本職もライターでありながら、自分のnoteも書きつつ休日も書籍を書く……。文字文字した日々に発狂しそうになりながらも、そんな思いがあったから、なんとか形にしていけました。

もしかしたら、ある程度は文章が書ける人にとっては簡単で、薄っぺらく感じる部分もあったかもしれません。

「書ける人」「発信できる人」にとっては、常識みたいなことが書いてあると思います。そんな人にはぜひ、より良いものを書くことを目指して次のステップに進んでもらえたら嬉しいです。

そして、「この本、とってもいい！」と思ってくれた人へ。

あなたに向けて書きました。


たくさんの本があるなかで、出会ってくれて本当にありがとうございます。

ほんの少しでも、「なにか書いてみようかな」と思っていただけたら、これほど嬉しいことはありません。

なにより、うんうん唸りながら書いたわたしの努力が報われます（笑）。

ご感想などがあれば、ぜひ「@milkprincess17」宛にツイートしてください。

どんな文章も、どこかで誰かが必ず読んでくれている。


わたしからも、そっと「いいね！」を贈らせていただきます！

自分の分身として、未来で勝手に働いてくれる。

文章は永遠に疲れることのない、最強の営業マンだ。自分が寝ていても、疲れて動けなくても、文章は変わらず読まれつづけ、消されないかぎり残りつづける。

「なにもなかった日」が「なにかあった日」になる。

解釈によって過去は変えられる。「なにもしなかった日」も、心が動いたことを文章にすれば「なにかあった日」になる。文章で人生を自由にラベリングしよう。

未来の自分に差し出せる手紙を、今書いておく。

人生の軌跡を感じることは少ない。努力。苦悩。学び。今の自分を文章で残そう。壁にぶつかったとき、積み重ねてきた文章はあなたの背中を押してくれるから。

「呪い」を解いてくれるのが、「書く」こと。

レッテルという「呪い」がある。でも真実とはかぎらない。コンプレックスやマイナスに感じることも素直に書いてみると、それが呪いを解く「魔法」になる。

キャリアを開く「鍵」となる。

自分が書いた文章が人生を変えてくれる。書いていただけでライターになれた人、理想の就職や転職ができた人、本を出せた人もいる。だから、書きつづけよう。

「右にならえ」なんてしなくていいんです。

他人を気にした意見は、嫌われないけど好かれもしない。無理に逆をいく必要はないけれど、自分が感じた思いは、たとえ他人と違っていても大切にしよう。

自分で自分に釘を刺しましょう。

文章はときに「刃」となる。書くときは「相手を目の前にしても直接言えるか」を一度考えよう。意図的に傷つけるのはいけないが、「個人的な」意見表明はあり。

みんな、ひっそりと読んでくれているから。

「いいね」や「PV」だけが読者の数ではない。リアクションが少なくても意外と読まれていることはある。数字を追うのはやめて、「自分のため」に書こう。

書く気持ちを「大切にする」コツ

どんなにコツを学んでも、いつかはモチベーションが途切れる。
そんな自分を奮い立たせるための、9つのコツ。

モヤモヤの正体を自分で突き止められる。

たいていの悩みは人に話すとスッキリできる。それをひとりでもできるのが「書く」こと。書いてるうちに自問自答でき、悩みやモヤモヤがはっきり見えてくる。

文章を俯瞰してはじめて、本当の自分が見えてくる。

書いた文章に、本当の自分が現れることがある。自分のことがわかると、生きやすくなる。自分探しの旅に出るのもいいけど、ひたすら文章を書くのもいい。

「こんなことを考えていたんだね」

口下手で自分をうまく表現できない人も、文章でならありのままの姿を伝えられる。文章は逃げの手段じゃなくて、コミュニケーションのひとつの手段。

世界中から仲間を連れてきてくれる。

今の時代、文章はネットの海を漂ってどこまでも流れていく。どこかに行けなくても、まわりに仲間がいなくても、文章が世界から仲間を連れてきてくれる。

書くのが「好きになる」コツ

「書く」ことで生まれた言葉に反応があると、もっと書きたくなる。
多くの人に読んでもらうための、10のコツ。

「パワーワード」と「主観」を入れること。

内容を説明しただけの整ったタイトルでは、興味を持ってもらえない。つい目が留まる違和感のある強い言葉や、自分が感じたことをタイトルにもってこよう。

「実体験」が入っている文章は読まれます。

現代人はネットの情報を基に価値判断をしている。ネットにはあらゆる情報が存在するが、あなたの「体験」や「そこから生まれた感想」は落ちていない。

「自分ごと化」で「共感」を呼んで。

語りかけるように書くと、読み手は「自分に言われている」と感じる。ただの独り言も、「共感」や「学び」を感じてもらえるように、読み手に語りかけてみよう。

「誰かの日課になる」ことが大事。

決まった時間の投稿を続けていると、決まった時間に読んでくれる人が現れる。「書く」を習慣化したように、読者にも「読む」を習慣にしてもらおう。

あなたしか知らないことを書こう。

有益か無益かは読み手次第。読み手が知らないことは「有益」で、知っているものは「無益」となる。自分で決めつけず、思いきって書いてみよう。

あなたの体験で、誰かの未来は救えるかも。

「あのときはわからなかったけど、今ならわかること」があるはず。それを過去の自分に向けて書くことで、かつてのあなたと同じ状況の人が読んでくれる。

このクソ野郎が!!!!

読まれる文章の絶対条件は、それが「本音」であること。恥ずかしい失敗も取り繕うのではなく、悔しさや怒りを吐き出そう。飾らない本音に読み手は共感する。

感情が動いたら、それがインプット。

知識や情報の「仕入れ」だけがインプットじゃない。自然を見て感動したり友人の話に感心したり、あなたの心が動いたときは、なにかがインプットされている。

書くのが「嬉しくなる」コツ

「書く」は自分のためにも有効だが、読んでもらえる嬉しさは大きい。
文章を正しく読んでもらうための、6つのコツ

「簡単な言葉を使う」とは「思考する」こと。

人に伝えるための文章に難しい言葉はいらない。中学生までに習う言葉で充分伝わる。抽象的で便利な言葉に頼らず、自分で咀嚼した簡単な言葉で書こう。

「知るかボケ」なわけです。

知人に向けて書いたつもりでも、見知らぬ人が読むこともある。「わたしってこうじゃん?」を前提に書くと誰にも伝わらない。丁寧すぎるくらい説明しよう。

「あなたに聞いてほしい!」がこもった文章。

入念に読者を想定したところで、それは想像にすぎないし、文章にもリアリティは出ない。「実在する誰か」か「過去の自分」に向けるから、文章に具体性が出る。

自分が思うとおりのまとめかたでいい。

文の締めかたにはいくつかのセオリーがある。でもそれに乗っかった瞬間にあなたらしさは消える。いい感じにまとめようとせず、最後まで思いのままに書こう。

「で、あなたはどう思うの?」です。

ネット社会では、もはや情報自体に価値はない。読み手が求めるのは書き手のリアルな本音。本音で書くから「あなたしか書けない文章」になり、ファンがつく。

「ちゃんと世の中に公開した」側の人間だから。

結局のところ、どんなにヘタクソな文章でも伝わりさえすればいい。伝わる文章を書く条件があるとしたら、文章力でも語彙力でもなく、「発信者になる勇気」だ。

「明日やろう」は馬鹿野郎なのです。

とにかくはじめてみないことには、習慣にしようがない。「書いてみようかな」と思ったら、その日からはじめよう。はじめてみたら、意外となんとかなるもの。

書くのが「止まらなくなる」コツ

「書く」こと自体は習慣になっても、書く内容がないと続かない。
書きたいことが溢れてくる、7つのコツ。

あなたの「日常」は、他人には「非日常」かも。

毎日発信をしている人も、特別な日々をおくっているわけではない。日常を「コンテンツ化」して形にしているだけ。日常からネタを探す意識を持とう。

「好きなものについて書く」こと。

熱量のある言葉や文章は人を動かす。あなたの「好き」な気持ちは他人が真似できない尊いもの。好きなものについて書いてみよう。「愛」は最強の価値になる。

自分の外側に目を向けてみる。

無理に書こうとしても「空の心」からはなにも出ない。気持ちを切り替え、外に目を向けて新しいことを吸収しよう。おのずと「書きたいこと」が出てくる。

心に引っかかる箇所だけを大切にしよう。

本に感じる価値は人それぞれ。平凡な言葉や要約みたいな感想しか出てこない人は、全部をアウトプットするよりも、心に刺さった部分だけ掘り下げよう。

ぶっちゃけ、テーマはなんでもかまいません。

テーマを決めて自分に取材してみると、思いがけない話がでてくる。テーマ自体よりも、テーマという「制限」があることが重要。自由ほど不自由なものはない。

「なにもない」ことをネタにするのもアリ。

「なにもしなかった」と書き連ねると、意外と「なにかした」ことに気づける。出来事を綴る必要はない。なにもしてなくても「気づき」や「考え」は紡いでいける。

「5分だけやろう」です。

やる気があるから行動できるのではない。行動するからやる気がでる。「今日は面倒だな」と思っても「5分だけ」と決めて書きはじめると、気持ちが乗ってくる。

「なにかしようがしまいが、どっちでもいい時間」

「書く」を習慣にするために、わざわざその時間を設ける必要はない。忙しい人も、意外と「頭が休んでいる時間」はある。そこを「書く」ことに充ててみよう。

見切り発車で宣言しちゃいましょう。

自分との約束ほど破りやすいものはない。それなら、他人を相手に約束しよう。SNSで「毎日書く」と宣言してしまえば、続けざるを得ない状態になる。

「習慣にしたいことがあるから、一緒にやらない?」

まわりに宣言しても続かないときは、他人を巻き込んでみよう。誰かと一緒にやれば、自分だけやめたときに気まずい思いをすることに。この効果は絶大だ!

スキマ時間を探してブロックする。

どんなに忙しい人も「24時間がすべて予定で埋まっている」ということはない。「なにも生み出していない無駄な時間」を見つけ、そこを「書く」時間にしよう。

イベントや勉強会の「実況ツイート」をすること。

Twitterは「書く」の習慣化に最適なツール。イベントなどに参加して、Twitterで実況してみよう。思いを言葉にしたり要約したりするスキルも身につくはず。

意外と人は他人の意見を知りたがるから。

作品を見て生まれた感情を自分の中に留めておくのはもったいない。「他の人はどう感じただろう?」と思う人は多い。本音の意見を書いてみよう。

「なぜ?」と問いただすこと。

小さな気づきや出来事も、深掘りすると「真理」にたどりつく。その真理はきっと他の人にも当てはまるはず。日常を深掘りして「学び」に変える癖をつけよう。

「うわぁ〜」と思ったら「うわぁ〜」と書こう。

文章だからといって、急にかしこまって表現する必要はない。そんなお作法が「あなたらしさ」を消してしまう。普段の言葉で「そのまま書く」勇気を持とう。

「おわり！」と自分から言ってしまうこと。

「すばらしい締め」を求めて試行錯誤していたら、努力はいつまでも報われない。勇気を持っておわらせよう。作者がおわりと言えば、どんな文章もおわる。

意味づけをするのは読んだ人。

文章に「意味」なんてない。文章の意味や価値を判断するのは「読んだ人」。そこにとらわれて書けないほうがもったいないから、「意味」は考えなくていい。

手書きをすると達成率が42%上がる。

手を動かして文字にし、それを目にすることで、その言葉が脳に刻み込まれる。スマホだけでなく、「やりたいこと」は紙のノートや手帳に書き出してみよう。

書くのを「習慣にする」コツ

読んでもらうにも、楽しむにも、すべては続けないとはじまらない。
書くことを習慣にする、12のコツ。

つまり「習慣化」するのです。

文章は書けば書くほど上達する。でも、毎回やる気を出して書いていたら、続けるのがつらくなる。まずは「書く」ことが日常に組み込まれる習慣をつくろう。

「秒で書ける状態」にしておくこと。

人間は面倒なことは「やりたくない」と思ってしまう生き物。習慣化の鍵はハードルを下げること。ツールを身近に置き、思い立ったらすぐ書けるようにしよう。

生まれてきた感情を言葉にして住まわせよう。

自分の考えを言葉や文章にするには練習がいる。生まれた感情を瞬時に書き留める「自分日記」をつくって、モヤモヤした感情を具現化させよう。

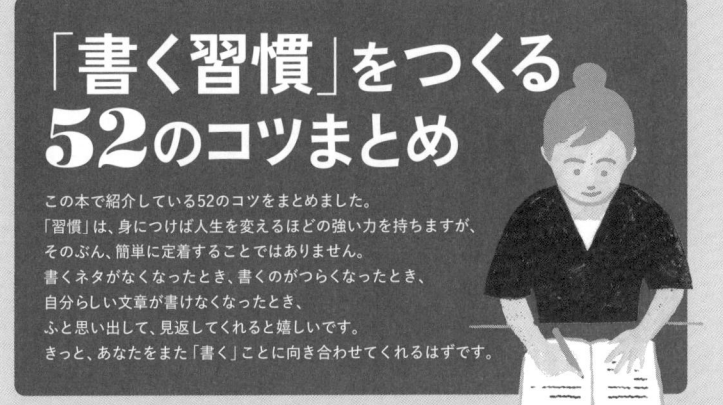

「書く習慣」をつくる 52のコツまとめ

この本で紹介している52のコツをまとめました。
「習慣」は、身につけば人生を変えるほどの強い力を持ちますが、
そのぶん、簡単に定着することではありません。
書くネタがなくなったとき、書くのがつらくなったとき、
自分らしい文章が書けなくなったとき、
ふと思い出して、見返してくれると嬉しいです。
きっと、あなたをまた「書く」ことに向き合わせてくれるはずです。

書くのと「仲良くなる」コツ

あなたが書きはじめるには、まず文章を書くことに慣れないといけない。
文章に対する恐怖心を消し去る、8つのコツ。

自分語りをするために書いていい。

この世には「自分語り」が溢れている。半生を綴った自伝本、夢を語ったスピーチ、それが人の心を動かす。恥ずかしがらずに堂々と自分語りをしていこう。

「自分はアホだ」と思うこと。

人は「忘れる生き物」。心理学者のエビングハウスは記憶の70%が1日で失われると突き止めた。だから学んだことや楽しかったことは素直に書き残そう。

「誰にも見られない前提」で書こう。

「人の目」はどうしても気になるもの。はじめから文章を公開すると、余所行きの文章が癖になる。まずは誰にも見えないところで、本音を書く練習をしよう。

「書く」ことを、もっと自由に考えてほしい。

「起承転結」「序論・本論・結論」。文章にはルールがある。でも、どこに提出するのでも、誰に評価されるのでもないなら、そんなルールは一度忘れてしまおう。

Day 1	今抱いている目標や夢
Day 2	今やっている仕事、学んでいること
Day 3	今１番やりたいこと
Day 4	今１番変えたいこと
Day 5	昔はどんな子どもだったのか
Day 6	最近ハマっていること
Day 7	最近悩んでいること
Day 8	最近怒ったこと
Day 9	最近泣いたこと
Day 10	自分の好きなところ
Day 11	自分の嫌いなところ
Day 12	自分の得意なこと
Day 13	好きな休日の過ごしかた
Day 14	これまでに夢中になったモノやコト
Day 15	誰かにオススメしたい本・映画・アニメ・ドラマ
Day 16	あなたの１番大切な人
Day 17	あなたの１番大切なモノ
Day 18	自分が好きだと思うタイプの人
Day 19	自分があまり賛成できない常識
Day 20	これまでで１番の後悔
Day 21	これまでで１番のチャレンジ
Day 22	人付き合いで１番大切だと思うこと
Day 23	仕事や勉強で１番大切だと思うこと
Day 24	今日１日にあった印象的なこと
Day 25	今日１日にあった感謝したいこと
Day 26	今日１日にあったモヤッとしたこと
Day 27	誰かに言われた大切な言葉
Day 28	もしも１つだけ夢が叶うとしたら
Day 29	自分にとっての幸せはどんな状態か
Day 30	30日間書いてみて、気づいたこと

「書く習慣」1ヶ月チャレンジ

本は読むだけでは意味がありません。
読みおえた人は、「書く習慣」を身につけるために、
そのための第一歩を切ってみましょう。
そこでまずは1ヶ月間、毎日なにかしらの文章を、
日記、SNS、ブログ、なんでもいいので書いてみてほしいと思います。
簡単ではありませんが、149ページでお伝えしたように、
テーマが決まっていると意外と書けたりします。
その参考として、ここに「そこそこ面白い文章が書けそうな30個のテーマ」をならべてみました。

続けるコツは、その日のテーマを意識して生活してみること。

毎朝、今日のテーマを確認して、その日1日、テーマに対してアンテナを張って過ごしてみましょう。ふだんとは違うポイントに気がつけて、ネタが見つかるはずです。

宣言して、自分を奮い立たせてみよう

SNSに書く人は、ぜひ「**#1ヶ月書くチャレンジ**」と入れてみてください。宣言することで続けたくなりますし、まわりの人も応援してくれるかもしれません。もしかしたらこのハッシュタグによって、一緒に頑張る仲間どうしでつながれるかも。わたしも、このハッシュタグを元に、チャレンジを達成した人を見つけ、祝福したいと思います!

読まれるコツを実践してみよう

目的は「書く習慣」を身につけることなので、書く内容はなんでもいいと思います。とはいえ、事実を書くだけではつまらないという人や、せっかくだからたくさんの人に読んでもらいたい人、あわよくば「バズりたい」人もいるでしょう。そんな方は、本書で紹介した下記のような「読まれるコツ」も実践してみてください。

- 「なぜ？」で深掘りする（116ページ）
- 「パワーワード」と「主観」を入れる（194ページ）
- 「タイトル」で呼びかける（205ページ）
- 「更新時間」を決める（207ページ）
- 「過去の自分」に向けて書く（213ページ）

【著者略歴】

いしかわゆき

ライター。早稲田大学文化構想学部 文芸・ジャーナリズム論系卒。まったくの未経験からWebメディア「新R25編集部」を経て2019年にライターとして独立。現在は取材やコラムを中心に執筆するかたわら、長年の夢であった声優やグラフィックレコーダーとしても活動している。マンガを年間1000冊買うヲタク。noteにて「ゆぴの10分日記」「"書く"が好きになる文章マガジン」を更新するめちゃくちゃ一般人。

書く習慣

2021年 9月 1日 初版発行
2023年11月10日 第10刷発行

発行 **株式会社クロスメディア・パブリッシング**
発行者 小早川 幸一郎
〒151-0051 東京都渋谷区千駄ヶ谷4-20-3 東栄神宮外苑ビル
https://www.cm-publishing.co.jp
■本の内容に関するお問い合わせ先 …… TEL (03)5413-3140 ／ FAX (03)5413-3141

発売 **株式会社インプレス**
〒101-0051 東京都千代田区神田神保町一丁目105番地
■乱丁本・落丁本などのお問い合わせ先 …… FAX (03)6837-5023
service@impress.co.jp
※古書店で購入されたものについてはお取り替えできません

ブックデザイン 金澤浩二
カバー・本文イラスト 芦野公平
DTP 内山瑠希乃
図版制作 長田周平
印刷・製本 中央精版印刷株式会社

ISBN 978-4-295-40593-1 C2034